Hermann Lotze

Das Evangelium der armen Seele

Hermann Lotze

Das Evangelium der armen Seele

ISBN/EAN: 9783743607460

Hergestellt in Europa, USA, Kanada, Australien, Japan

Cover: Foto ©Lupo / pixelio.de

Weitere Bücher finden Sie auf **www.hansebooks.com**

Das

Evangelium der armen Seele,

in welchem dem Menschen sein wahrer Beruf auf Erden
gewiesen, der ewige Grund der Religion gezeigt und aller
Haber von Glauben und Wissen und Glauben und Glauben
für immer gestillet wird.

Die Sache rede und der Name
schweige.

Mit einem Vorwort

von

Hermann Lotze.

Leipzig

Verlag von S. Hirzel

1871.

Vorwort.

Als die arme Seele mir mit einem Zutrauen, das ich ihr herzlich zu danken weiß, ihre Bekenntnisse mittheilte, war sie sehr im Zweifel, ob diese Geschichte ihres innern Lebens und ihres leidenschaftlichen Ringens in Anderen einen theilnehmenden Wiederhall erwecken könnte. Mir aber hatte sie es angethan; wie eine alte halbverklungene Sage kam mir die Erinnerung an die jugendlichen Tage wieder, in denen wir alle noch unsere Gedanken über die höchsten Dinge nur aus dem lebendigen Drange des begeisterten Herzens schöpften. Wir irrten oft; aber die spätere Zeit, die uns klüger und vorsichtiger macht, pflegt uns dafür auch der Wärme, der Ursprünglichkeit und Unbefangenheit zu berauben, mit der einst unser Gemüth um die Befriedigung seiner unabweisbarsten Bedürfnisse rang. Mancher Gedankengang, den die Ueberlieferung der Wissenschaft oft wiederholt hat, erscheint uns zuletzt, wie denn der Tropfe den Stein höhlt, als eine gegebene Thatsache, der nicht zu wider-

sprechen ist; manche Ansicht, die ohne eigentliche Wurzel
in unseren Bedürfnissen nur durch die Verwicklung der
Untersuchung entstanden ist, wird uns zu einem festen
Zielpunkt, den unsere Beweise sich anstrengen müssen
zu erreichen; von manchem Räthsel endlich, das uns einst
lebhaft bewegte, haben uns die herkömmlichen Gangarten
der Forschung unvermerkt so seitab geführt, daß wir sein
Bestehen fast vergessen haben und seine Lösung dem nicht
anzubieten wissen, der im wirklichen Leben das Gewicht
seines Druckes empfindet. Wie ein erfrischender Luft-
hauch ist es daher zu allen Zeiten empfunden worden,
wenn die einförmige Ueberlieferung gelehrter Weisheit
durch ein Bekenntniß unterbrochen wurde, das einzig auf
jenen innern treibenden Grund aller unserer Gedanken
zurückging, welcher sich in jedem Augenblicke in dem
lebendigen persönlichen Gemüth erneuert; auch unserer
Zeit wird es heilsam sein, wieder das eigentliche einfache
Thema klar und kraftvoll angegeben zu hören, an dessen
Durcharbeitung und Variation ihre mannigfachen, bald
künstlich verschlungenen, bald regellos zerfahrenen Bemühungen sich versuchen.

Den Zweifel der armen Seele an der möglichen
Theilnahme Anderer für ihre inneren Kämpfe theilte ich
daher nicht; und da es ihr widerstrebte, mit ihren per-
sönlichsten Erlebnissen unverhüllt vor die Welt zu treten,
so erfülle ich gern die Pflicht, diese Bekenntnisse der

Namenlosen denen, die mir wohlwollen, zu freundlicher
Aufnahme zu empfehlen.

Einen andern Antheil freilich, als diesen, habe ich
an dem Inhalt der nachfolgenden Blätter nicht; es kam
bald der Scheideweg, von dem aus meine Gedanken mit
denen der armen Seele nicht mehr die herzliche Ueber-
einstimmung haben konnten, mit welcher ich ihre ersten
Schritte begleitet hatte. Mir wird es nicht gelingen, in
Gott, anstatt des Schöpfers Himmels und der Erden,
nur den freundlichen Genius zu verehren, der für die
Leiden einer Welt tröstet, in der er so fremd ist, wie
wir selbst; und wenn ich gern der Begeisterung der
armen Seele lausche, wo sie die thätige Liebe als die
einzige wahre Bestimmung und das wahre Gut des
Lebens preist, so zweifle ich doch, ob wir die Veranlassungen, die diesem Liebeswillen zu seinem Inhalt verhelfen, uns durch einen Weltlauf dargeboten denken
sollen, der selbst gar keine Bestimmung zu haben scheint,
oder eine solche, die allen göttlichen Rathschlüssen fremd
ist. Es ist nicht selten, daß ein leidenschaftlich ringender
Gedankengang, der aus dem Innersten der Persönlichkeit
zu Gott aufstrebt, über dem Gut dieser angestrebten
Gemeinschaft die übrige Breite der Welt zu sehr aus
dem Auge verliert; mißverstehe ich die arme Seele oder
befindet sie sich wirklich in dieser Stimmung, die ich
nicht theilen könnte? Ist ihr der Lauf der Welt und

der Geschichte in der That nur eine Vielheit von aller=
hand Veranlassungen, die elementaren Werke der Liebe
und des Wohlwollens auszuüben, ohne daß die Reihen=
folge dieser geschichtlichen Vorgänge einen Sinn für sich
hätte und ein Gut darstellte, das sein soll? Und die
lebendige Liebe Gottes, ist sie eine Thätigkeit, die sich,
ohne eine Absicht zu verfolgen, durch die zahllose Menge
jener einzelnen Liebeswerke wie durch jedes einzelne
genügen läßt? Vielleicht hat die arme Seele, was sie
darüber denkt, hier uns nicht verrathen wollen; wenn
aber die Folgerungen, die wir ohne ihre Beihilfe aus
ihren Aeußerungen ziehen zu müssen glauben, uns den
Sinn aller Geschichte und aller von der Religion so
hochgehaltenen geschichtlichen Beziehungen Gottes zur
Menschheit weniger anzuerkennen scheinen, als wir wün=
schen, so fühlen wir uns desto fester mit ihr in dem
Grunde verbunden, welchen sie dem sittlichen Theile alles
religiösen Lebens giebt. Mögen ihre Bekenntnisse Vielen
zur Erquickung, Vielen zur Anregung der Forschung,
Wenigen zum Aergerniß gereichen!

Göttingen, 11. Sept. 1871.

Hermann Lotze.

Inhalt.

Erstes Kapitel.

Der Seele Herkunft und früheste Gedanken über Gott.

Es war eine arme Seele, die war zur Welt gekommen, wie heutzutage die Seelen pflegen; sie hatte einen
Leib, in dem fand sie sich, als sie zum hellen Bewußtsein erwachte und anfing Erinnerung zu haben, und
stammte ab von Vater und Mutter. Ihren Namen und
ihr Geschlecht weiß man nicht, und sie hat nie davon
gesprochen. Und wenn man sie darüber fragte, so erwiderte sie: was will es besagen, daß ich so und so
heiße und meine Herkunft nach Menschenausdruck die
und die ist? kommt es nicht blos darauf an, was ich
selbst bin, was ich denke, fühle, will, wie ich mein Verhältniß zur Welt, zu den Menschen und zu Gott gestaltet habe? wozu also Dinge erzählen, die alle ganz
anders sein könnten, als sie waren, und ich wäre doch,
was ich bin, eine arme Seele.

Und die Seele wuchs heran, wie Kinder wachsen,
und ward zur Schule geschickt und unterrichtet in aller
Weisheit der Zeit und in der Religion ihrer Eltern.
Und sie lebte schlicht und getabe, aber ihr Herz war

frühe bedrückt; denn sie sah die Noth des Lebens und
wie die Menschen sich plagen und quälen mit dem Bedarf des sinnlichen Daseins und mit all ihren Leidenschaften und Neigungen. Da schrie sie zu Gott, daß er
ihr Erkenntniß sende, damit sie sich alles zurecht legen
möge und seine Gedanken mit der Welt verstehe. Und
sie ward bald inne, wie anders Gott handele mit den
Menschen in äußeren Dingen und in inneren. Denn in
äußeren Dingen, da geschah es bald so, wie sie betete,
bald ward es anders; deß tröstete sich die Seele, und
gedachte, wie Christus selbst gebetet habe: nicht mein,
sondern dein Wille geschehe, und daß er die äußeren
Dinge ganz Gott anheimstellte. Und die Seele wunderte
sich über die Menschen, die dessen so wenig eingedenk
sind; denn sobald ihre Herzenswünsche nicht erfüllt werden, mögen dieselben gut sein oder verkehrt, so wendet
sich ihr Sinn ab von Gott und sie sprechen bei sich:
entweder Gott bekümmert sich nicht um uns, oder es
giebt gar keinen Gott und wir hofften auf einen Wahn,
als wir auf ihn unser Vertrauen setzten. Aber trotz
alle dem wich der Seele die bange Frage nicht aus ihrem
Geiste und bewegte sie viel: warum handelt Gott in
äußeren Dingen nicht so mit uns, wie wir wollen und
wünschen? und sie dachte oft daran. Manchmal sah sie,
es war gut für die Menschen, daß es ihnen nicht erging,
wie sie wünschten; manchmal schien es ihr gleich gut, ob
es so oder anders gegangen wäre, und oft erkannte sie,
wie es für den Menschen besser gewesen, wenn es so
geworden, wie er wollte und erfleht hatte. Denn der
Mensch schätzet sich selbst und seine sittliche Kraft meist
richtig, und wenn der ein Weib, das er innig liebte,

zur Frau erhalten, jener eine Stellung, für die er sich
mühevoll vorbereitet, bekommen, ein Dritter sein aus=
reichendes Verdienst bei emsiger Arbeit, an der er es nicht
fehlen ließ, gefunden hätte, so wären sie treu gegen
Gott, theilnehmend und liebevoll gegen ihre Mitmenschen
geblieben. Warum that da Gott anders, warum fügte
er es so, daß sie weit weg von ihm geführt wurden?
Bei solchen Erfahrungen schauerte die Seele und bebte
und wußte nicht, was sie sich selber antworten und wo=
mit sie sich beruhigen sollte. Und sie ging hin zu den
Weisen und horchte auf, was sie auf diese Zweifel er=
widerten, und sie sagten ihr, daß Gottes Rathschlüsse
dunkel seien und seine Wege verschlungen und seine Schrift
nicht zu enträthseln für uns Menschen; denn Gottes
Plan sei groß und viel umfassend, seine Weisheit gehe
auf das Ganze, und wenn wir dies Ganze kennten, so
würden wir alles anders ansehen und beurtheilen. Und
die Seele verstummte vor all dieser Weisheit, denn sie
war geheiligt durch Jahrtausende und man berief sich
für ihre Wahrheit auf die heiligen Bücher, aus denen
unsere Väter ihre Religion gelernt hätten und wir selbst
sie fort und fort lernten. Und die Seele wollte sich auch
stille und zufrieden machen aus den heiligen Büchern und
sie flehte zu Gott Tag und Nacht, daß er ihr dazu helfe.
Aber trotz aller Mühe ward es nicht stille in ihr, und
durch alles hindurch, was sie sich beschwichtigend sagte,
tönte stets die Frage: Gott, mein Gott, deine Gedanken
sind klar, denn du bist das Licht unserer Seele, wie
sollte das nicht helle sein? Gott, mein Gott, du bist
mein Gott, und jedes einzelnen Menschen Gott; du bist
nicht zuerst der Gott des Ganzen und dann erst der

Einzelnen, die zu diesem Ganzen gehören, sondern du
liebst Jeden für sich und als ob er allein der Gegenstand deiner Gnade wäre. Darum sind alle jene klugen
Reden der Menschen nichts werth und erreichen nicht
die einfache Majestät deiner Wahrheit. — So jubelte die
Seele und es ward ihr leichter um's Herz bei diesen
Gedanken, aber die einfache Wahrheit der Sache hatte sie
noch nicht gefunden und es vergingen noch viele Tage,
bis sich jene Zweifel ihr aufklärten.

Zweites Kapitel.

Neue Stürme der Seele und wie sie durch die-
selben hindurchkommt.

Und es kamen andere trübe Tage, wo die Seele nicht
wußte, wo aus noch ein. Denn es kamen die Tage der
heißen Jugend, wo das Blut wärmer durch den Leib
rollt, und wo die Augen der Jünglinge suchen die Mäd-
chen und die Träume der Jungfrau umflattern den Mann
ihrer Sehnsucht; es kamen die Tage, wo der Leib aus-
gebildet ist, aber der Geist es noch nicht scheint, wo das
Begehren tobt und die Einsicht schwach ist und der Wille,
der sich stark dünkte, ohnmächtig erfunden wird. Und
die Seele sah, wie die Menschen um sie fielen und sanken
im Taumel der Sinne, und wie sie von Gott wichen
oder sich lästerliche Vorstellungen vom Heiligen machten.
Und sie erbebte in sich ob der geringen Erkenntniß der
Menschen, und sie besprach sich mit solchen, welche den
Jugendbegierden sich hingaben, und sie erschrack noch mehr.

Denn sie fand, daß jene an Einsicht nicht geringer waren,
daß sie aber der Einsicht nicht folgten und sie durch ihr
Thun verdarben. Sie hatten Alle die Erkenntniß, daß
die wahre Verbindung von Mann und Weib in der Ehe
sei, daß zur Ehe Mann und Weib geistig fertig müssen
gereift sein, daß nicht das Entzücken der Schönheit, sondern die Güte des Herzens und die Lieblichkeit und Freund-
lichkeit der Sitten den Zauber der Liebe macht, wenn sie
Herz zu Herz in besonderer Zuneigung wendet und sich
Zwei entschließen, treu und fest und stark zusammenzu-
halten im Leben und bis zum Tode; und sie Alle wußten,
daß jede andere Verbindung von Mann und Weib das
Weib ganz schlecht und sittlich untüchtig macht, den Mann
aber lehret abzuweichen von der strengen und ernsten
Auffassung des Lebens und seinen Willen dem sinnlichen
Begehren beuget. Das alles wußten sie und thaten doch
nicht danach; denn sie behaupteten, das Feuer der Jugend
brenne zu heiß und wolle gelöscht sein, und sie sprachen
statt von Gott von der Natur und ihrer Gewalt über
den Menschen, oder sie meinten, wie sie seien, so habe
sie Gott gemacht und so habe er sie haben wollen. Ueber
alles dies ward die Seele von Neuem verwirrt und irre
an sich selbst und ob sie richtig von Gott denke, daß er
ein heiliger Geist sei, welcher die Sünde nicht wolle und
die Seinen vor Sünde bewahre. Aber sie konnte diesen
Gedanken von der Heiligkeit Gottes nicht aufgeben, und
als nun die Versuchungen ihr selber stärker und stärker
kamen, und die Einsicht begann zu erbleichen und der
Wille wankte, da stürzte sie nieder zu lautem Gebet mit
Thränen und Händeringen, stürmisch und in heftiger
Erregung, wie sie noch nie gethan, und schluchzte und

schrie zu Gott, daß er ihr Kraft geben möge bei der
Einsicht zu bleiben und den Willen zu behaupten gegen
das sinnliche Begehren. So rang sie Jahre lang und
hielt sich an Gott im Kampfe mit dem Fleisch und gelobte,
lieber zu Grunde zu gehen, als zu willigen in das, wo-
von sie erkannte, daß es, einmal gethan, ihre ganze Art
ändern müsse; denn wer andere Menschen seiner Sinnes-
lust opfert, wie will der noch behaupten, er liebe die
Menschen. Bei diesem Kampf erinnerte sich die Seele,
wie viele als heilig gepriesene Menschen ihre ganze Lebensaufgabe mit darein gesetzt, dem zu widerstehen, was
sie in der Jugend verwirrt und zu verführen gedroht
hatte. Und sie lobte bei sich dies Unternehmen nicht;
denn sie sah die großen Güter, welche die Liebe zwischen
Mann und Frau hervorbringt, die volle ganze Liebe
Leibes und der Seele, und wie sich an die Familie alles
Gute der Menschheit anschließt und in dieser beständig
wurzeln muß. Und ihr süßester Traum war sich selber
zu zeigen, wie man in der Ehe als Mann und als Vater
Weib und Kinder lieben müsse und für sie thätig sein,
sorgend und arbeitend, und das ist der Seele auch so
zu Theil geworden, wie sie es geträumt hatte in jungen
Jahren, und sie kannte aus eigner Erfahrung alle Güter
der Familie und lobpreisete sie über alles. Aber ehe die
Seele dazu kam, hat sie noch viele andere Stürme durch-
gemacht.

Drittes Kapitel.

Bessere Erkenntniß Gottes, welche die Seele
in jenen Stürmen der Jugend gewonnen,
und wie die Seele sie festhält gegen neue
Zweifel, und sich losmacht von fälschlich
sogenanntem göttlichem Licht.

Die Seele hatte einen großen Halt gewonnen in
jenem ersten schweren Kampfe, ob sie den sinnlichen
Trieben nachgeben oder ihnen widerstehen und sie der
Einsicht unterwerfen solle. Denn in diesem Kampfe hatte
sie sich behauptet, nicht durch ihre Einsicht, die war zwar
mit da, nicht durch ihren Willen, der war zwar auch
mit da, sondern dadurch, daß sie sich an Gott gewendet
hatte mit aller Inbrunst des Gebetes und ihn beständig
angerufen, ihren Willen zu stärken mit seiner Kraft,
damit er die Einsicht festhalte und nicht von den sinn=
lichen Begierden mit fortgerissen werde. Und wenn sie
bedachte, ob sie wohl nicht unterlegen wäre, wenn sie
nicht zu Gott ihre Zuflucht genommen, so war sie sich
bewußt, daß sie für sich trotz aller Einsicht und allen
Willens nicht würde widerstanden haben; denn der Geg-
ner war zu stark und schier über Menschenkräfte. Und
sie dachte: hier hat dir Gott geholfen; das erkennst du
klar; wie aber hat er dir geholfen? Nicht so, daß du
sprächest: Herr, hilf mir, und dann die Sache gehen
ließest, wie sie sich machen werde, erwartend, daß Gott
nun die Begierden dämpfe, die Einsicht erhöhe, den Willen
stärke. Die Seele fand später Menschen, die es so gemacht hatten und zürnten, daß Gott ihnen nicht geholfen.

Die Seele hatte es anders gemacht; sie hatte sich durch-
gerungen zu dem Entschluß, nicht in die Sünde zu
willigen, und sollte sie darüber sinnlich zu Grunde gehen;
und bei diesem Entschluß hat sie stets ihr Herz erhoben
zu Gott als der heiligen Kraft, welche ihr zur Durch-
führung dieses Entschlusses helfen könne, und durch beides
zusammen war sie erhalten worden und behütet vor
schwerem Fall. Daraus machte sich die Seele eine Regel
und dachte: so oft du in gleicher Weise mit der Einsicht
und dem Willen festhältst am Guten und Gott im Herzen unaufhörlich anrufest um seine Hülfe, so wird er dir
sie nicht versagen und du bleibest aufrecht stehen in allen
Versuchungen des Lebens, so schwer sie sein mögen und
soviel Mühe sie dir bereiten werden. Aber da erhob sich
wieder eine düstere Stunde für die arme Seele; denn
es kam ihr der Argwohn, vielleicht sei der Gedanke
Gottes bei alle dem nur eine Täuschung, die sie sich
selber mache; sie würde auch widerstanden haben durch
ihre bloße Einsicht und den festen Entschluß ihres Willens.
Aber diesen Argwohn scheuchte die Seele bald hinweg;
sie brauchte nur zu versuchen, wie sie ohne den Gedanken
Gottes durch bloße Einsicht und eigene Willensstärke sich
festhalten wolle im Guten, da erfuhr sie bald, wie
schwankend und unstät der Wille war, und wie fest und
stark er wurde, sobald sie Gottes gedachte, und so blieb
sie bei ihrem Glauben, daß Gottes Kraft dem Menschen
in seiner Schwachheit nahe sei und ihn stärke, wofern sie
der Mensch richtig ergreifet und nicht Gottes Hülfe da
suchet, wo sie nicht zu finden ist. — Wiederum kam eine
neue Prüfung über die Seele. Wenn sie so gerungen
hatte in sich und mit Gottes Hülfe es wieder ruhig

warb in ihr, da kam eine große Klarheit und wie ein
Lichtglanz über sie, und es durchbebte sie eine Freude,
als ob die Seligkeit Gottes sinnlich da wäre und sie
umstrahle. Des freute sich die Seele Anfangs hoch;
denn sie hatte gehört, daß fromme Männer Aehnliches
erlebt hatten, und wie sie alle dies als eine große Be-
gnadigung des Himmels betrachtet. Aber die Seele
fragte sich bald: Warum hast du solche Empfindungen
nicht, wenn du ohne vielen Kampf mit Gottes Hilfe
das Gute gethan hast, warum kommen diese Erregungen
blos nach einem heftigen Hin- und Herwogen der Gefühle? ist Gott Licht, ist er sinnlich empfindbar? Da
ging ihr die Erkenntniß auf, daß jene Zustände blos
sind ein leiblicher Nachhall der geistigen Zustände, daß
ein Gefühl der Freude und eine Empfindung der Klarheit entsteht, weil die Seele sich freut, daß sie überwunden und Gewißheit wieder erlangt hat. Und da
achtete sie darauf, daß bei allen Menschen, auch denen,
die Gott entfremdet sind, ähnliche Zustände vorkommen,
daß sinnliche Freude ein verwandtes Entzücken der Empfindung, geistiges Finden ein verwandtes Lichtgefühl
hervorruft, und von da an hütete sie sich, jenen Zu-
ständen nachzuhängen und etwas Göttliches und Ueber-
natürliches in ihnen zu vermuthen. Von da an waren
diese Zustände zwar noch da, aber wie eine blos aus
der Ferne nachklingende Empfindung, die kaum zum Bewußtsein kommt, wenn man nicht besonders darauf Acht
hat. Da wurde es der Seele klar, wie viele Täu-
schungen sich die Menschen gemacht haben, fromme und
gute Menschen, dadurch, daß sie jenen Empfindungen
nachgaben; denn also sind entstanden die Göttererschei-

nungen bei den Heiden, die Heiligen- und Engelerschei-
nungen der Muhamedaner und Christen, die Schauungen
der Dreieinigkeit und Christi, welche so viele Christen be-
richten; — Jeder glaubte in dem Lichte zu erkennen, was
ihm sein Glaube nahe legte und seine Phantasie von ihm
aus hineindichtete, und merkte nicht, daß er nicht den
heiligen Gott schaute, sondern Gebilde seines Geistes für
Gott nahm; darum soll jede Seele auf ihrer Hut sein,
daß sie nicht Nebenempfindungen für die Hauptsache nehme
in diesen Dingen.

Viertes Kapitel.

Die Seele betrachtet die drei Ziele, welche die Menschen sich setzen mögen bei ihrem Thun auf der Erde und erkennet die thätige Liebe als das einzige Gut.

Und es geschah, daß die Seele betrachtete das Streben
der Menschen, die um sie lebten, und von denen die Ge-
schichten erzählen, und sie sah, daß es drei Dinge sind,
um welche sich die Menschen bemühen als um Güter.
Das Erste ist, daß sie die Annehmlichkeit des Lebens
suchen, und was Freude bereitet und lustige Empfindung, dem nachjagen. Und die Seele erkannte, daß
die Menschen sich da bald betrüben und bald jubeln, je
nachdem sie erlangen, was sie begehren oder es ihnen
versagt wird. Und die Seele schaute die Eitelkeit dieses
Mühens; denn keine sinnliche Freude bleibet beständig,
und der Stachel der Lust ist der Schmerz und das Un-

behagen. Und es hilft den Menschen nicht, daß ihre
Weisen erklügelt haben, wie die beständige Lust müsse
gesucht werden, und was nur Freude bringt und nie
Trauer, dies der Gegenstand allen Verlangens sein solle.
Denn alle Lust ermattet und welkt dahin, und so eilet
die Seele, die sich die Lust erwählt hat, einem neckenden
Schattenbilde nach. Darum haben andere Weise gelehret:
nicht die Lust der Sinne ist des Menschen Gut, sondern
die Freude der Erkenntniß, die macht sein Glück aus.
Aber auch das ist eitel. Denn alle Erkenntniß ist ein
ewiges Suchen, das nie zu Ende kommet, und wer die
Erkenntniß treibt, um der Lust der Erkenntniß willen,
der hat mehr Leid als Freude; denn je mehr er erkennt,
desto größer erkennt er seine Unwissenheit. Darum haben
die Menschen ausgeklügelt den leidigsten Trost unter der
Sonne; sie sagen: nicht der einzelne Mensch erlanget das
Ziel, sondern die Menschheit; die Reihe der Geschlechter,
die auf einander folgen, die bringet durch bis an's Ende.
Aber was sagt das anders, als daß Niemand glücklich
ist auf Erden, außer wer im letzten Geschlecht geboren
wird? Und machet denn Erkenntniß den Menschen glücklich? wenn sie gelinget, erfreuet sie, wie alles erfreuet,
was von Thätigkeit gelingt, aber glücklich machet sie nicht,
denn sie machet nicht gut. Erkenntniß haben heißt nicht
Liebe haben, Liebe haben aber das ist das einzige Gut
im Himmel und auf Erden. Darum ist Liebe das Dritte,
um das sich die Menschen bemühen von jeher. Ist es
nicht eine allgemeine Rede: der allein weiß, warum er
lebt, der Jemand hat, für den er lebt, für den er arbeitet, denkt, sorgt und sich quält, damit es Jenem gut
gehe. Das machet glücklich, das schaffet jeden Augen-

blick Freude und Friede. Der Mensch kann sein Thun
so einrichten, daß es stets und ganz den Werken der
Liebe geweiht ist. Aber die Menschen stellen sich unge-
schickt an bei diesem Thun; sie wollen Jemand haben,
um ihm ihr Leben zu weihen, der ihrem Herzen in besonderer Weise zusagt, sie suchen so, um thätige Liebe
zu bezeigen, weitherum sich einen Gegenstand der Liebe. Ist
der Gegenstand unserer thätigen Liebe nicht immer da?
sind dies nicht alle Menschen? und wenn ein Mensch
ganz allein lebte für einige Zeit, müßte er selbst dann
nicht so sein und sich so machen, daß er tüchtig wäre im
Dienste der Menschheit zu arbeiten? müßte er nicht suchen
zu Menschen zu kommen, damit er Gelegenheit habe das
zu thun, was sich allein als gut erweist, allein glücklich
macht? Wenn die Menschen solche Worte hören, so
billigen es viele, aber sie wissen nicht, wie sie sich an-
stellen sollen, um es auszuführen. Und viele haben in
jener Gesinnung sich liebevoll gezeigt, aber nicht immer
nach Erkenntniß. Sie haben ihr Vermögen weggeschenkt,
sich aller Mittel entäußert, auf Ehe und Familie verzichtet, blos um Anderen zu dienen. Aber damit haben
sie viele Güter der Menschheit an ihrem Theile zerstört.
Denn Vermögen zu haben ist ein Gut: die Menschheit
kann ohne solches nicht leben und allen äußeren Wechsel-
fällen widerstehen. Ehe und Familie ist ein Gut: in
der Ehe wird der Mensch auch geistig reicher und sie ist
der Anknüpfungspunkt aller sittlichen Thätigkeit. Darum
soll der Mensch einen Beruf haben, durch den er Anderen dienet und sich ernähret, in der Ehe leben, damit
er ein voller und ganzer Mensch werde und einen natur-
gemäßen nächsten Kreis seiner Wirksamkeit habe, an

welchen sich seine weitere Thätigkeit für Andere an-
schließe und er nicht auf Abentheuer ausgehe im sittlichen
Werk, statt wirkliche Liebe zu üben. Dies Leben der
Liebe, dies Leben mit Anderen und in Anderen und für
Andere, das nimmt die Sorge für das leibliche Wohl
mit in sich auf und nimmt mit in sich auf das Streben
nach Erkenntniß. Beide werden die gewaltigen Mittel
in der Hand der Liebe, nicht in ihnen bestehet das Glück
des Lebens, aber von ihnen geleitet werden sie zu großen
Gütern der Menschheit. —

Ueber all diese Erkenntniß war die Seele hoch erfreuet, und es ward ruhiger in ihr; sie glaubte die
Wahrheit des menschlichen Lebens ergriffen zu haben.
Aber noch machte sie eines unruhig. Konnte man ihr
nicht sagen, daß es doch Lust und Freude sei, der sie
nachstrebe? war es nicht der Genuß, die Annehmlichkeit,
die ihr das Leben der thätigen Liebe versprach, was sie
lockte es zu erwählen? Das bekümmerte sie nicht lange;
denn die thätige Liebe, die fragt nicht nach sinnlicher Annehmlichkeit oder Unbehagen, nicht ob Erkenntniß Freude
machet oder Unlust, sie achtet auf alles das nicht; sie
thut sich selbst, weil sie gefunden, daß sie in sich, in der
thätigen Liebe, das hat, was sie immer und ganz zu
üben vermag. Ihr Leben hat vor ihr selbst jetzt Sinn
und Verstand bekommen, sie weiß, warum sie lebt,
warum sie ihr Leben erhält, warum sie es liebet. Die
sinnliche Annehmlichkeit und die Freude der Erkenntniß
weiß das nicht; das, dem zu Liebe beide leben, erreichen
sie nie, warum also sollten sie auch nur im Dasein bleiben, wenn sie nachzudenken anfangen? Die Stimmung
der thätigen Liebe ist nicht Genuß, nicht Freude: deren

braucht sie nicht; sie ist Befriedigung in dem gefundenen
Lebenszweck, gleichviel ob sinnliche Freude und Freude
der Erkenntniß ihr zu derselben hinzugegeben werden
oder nicht. Nur das Eine könnte der Seele leib sein:
sie vermag nicht aus eigner Kraft so zu sein, wie die
Erkenntniß der Liebe sie treibt, aber da hat sie Gott, da
hat sie die göttliche Liebe, an welche sie sich wendet und
aus der sie die Kraft schöpfet, die sie für sich allein
nimmer hätte.

Fünftes Kapitel.

Die Seele bestärkt sich in ihrer Gewißheit von
Gott; was sie von der Liebe Gottes erkennet, und wie sich von dieser Liebe aus
der Zweifel in ihr reget, ob Gott Schöpfer
der Welt sei; große Angst der Seele
darüber.

Des lebte die Seele in solcher Erkenntniß und in
solchem Streben, sich haltend an den heiligen Gott und
seine milde Kraft, viele Jahre. Ja zuweilen kam noch
ein Zweifel über die arme Seele, ob sie sich nicht Täu-
schungen vormache als Wahrheit; sie fragte sich selbst,
woher weißt du von Gott? du siehst ihn nicht, du hörst
ihn nicht, du tastest ihn nicht; woher weißt du und thuest,
als sei er beständig um dich, höre und sehe dich, gehe
mit dir über Feld, weile bei dir in deinem Zimmer;
warum ist es dir, als könntest du ihm nicht entfliehen,
führst du gleich zum Himmel oder bergest du dich tief

in die Erde. Dann sagte sich die Seele bald: Gott ist bei mir; sein Geist umschwebet mich aller Wege; denn nur dadurch, daß ich mich an ihn halte, bin ich stark und kräftig geworden in der Liebe. Meine Gedanken über Gott, die sind freilich nicht Gott; meine Gedanken, mein Wille gut zu sein, die machen mich noch nicht gut; aber die Liebe zu Gott als dem lebendigen heiligen und heiligenden Geist der Liebe, die geben mir die Stärke, alle meine sinnlichen Leidenschaften mehr und mehr zu überwinden und die Liebe der Menschen in der Kraft der Liebe Gottes zum Mittelpunkt meines Daseins zu machen. Ohne Gott vermag ich nicht durchzubringen in mir selber, mit ihm bringe ich zum Ziele; sein Geist bezeuget meinem Geist, daß ich ihm zugehöre, und daß mich nichts aus seiner Hand zu reißen vermag, so lange ich sie festhalte und Niemand loslasse. So lebe ich mit meiner innersten Seele in Gott und fühle den Schlag seines Herzens an meinem Herzen.

So ward die Seele durch ihre Zweifel Gottes nur noch mehr inne und mehr gewiß; aber ein anderer Gedanke kam ihr und drückte sie sehr. Wie kommt es, sagte sie sich, daß du so geworden bist? woher hast du das? warum sind nicht alle Menschen so wie du? Ist etwas Besonderes an dir gewesen, daß dich Gott vor anderen begnadigt hat? Ob dieses letzten Gedankens erschrak die Seele über sich selber; sie fürchtete, die Liebe möchte ihr erkaltet sein, ohne daß sie es gemerkt; aber der Gedanke verweilte nicht in ihr, er ging vorüber wie ein flüchtiger Schatten; denn daß sie schwach, elend und voller Leidenschaft gewesen war, das wußte sie nur zu gut; und daß Gott nicht mehr Gutes in ihr sah, ja

noch weniger als in vielen anderen Menschen, die sie
gekannt, davon war sie gleichfalls überzeugt. Also ist
es die freie Gnade Gottes, welche dich erwählet hat vor
anderen, dachte die Seele; aber eigentlich und herzhaft
dachte sie das nicht, sondern es war ihr mehr eingefallen,
weil von vielen frommen Menschen solch' freie Gnade
Gottes höchlich war gepriesen und tief angestaunt worden. Denn die Seele konnte diesen Gedanken nicht fassen
von der freien Gnade Gottes. Ja, Gottes Gnade, so
sagte sie sich, ist frei, ist ungehindert, steht Allen offen,
und Gott läßt sie sich nehmen von Jedem, der sie will.
Das ist seine freie Gnade. Aber können sie denn alle
Menschen wollen, und warum wollen sie nicht alle Menschen, da Gott doch alle Menschen will? Denn daß Gott
nicht alle Menschen wolle, das durfte die Seele nicht
denken; Gott ist lautere Liebe und Güte und theilet sich
in seiner Liebe mit Allen, die seiner empfänglich sind.
Da ist keine Ausnahme; Gott ist nicht für die Einen
Liebe und für die Anderen keine Liebe, sein Wesen ist
Eines und ganz, nichts als lauter reine und volle Liebe.
Und die Seele dachte, woher es komme, daß die Menschen so wenig wissen von der Liebe Gottes? und sie
merkte, daß dies davon kommt, daß die Menschen auch
wenig wissen von der Liebe zu den Menschen. Denn
wer nicht die Liebe zu den Menschen als das einzige
Gut erkannt hat, wie soll der wissen von der Liebe
Gottes? denn um die Liebe zu den Menschen kräftig zu
haben und zu üben, streckt sich das Herz nach der Liebe
Gottes, und das ist die Pforte, durch welche der Mensch
eingehet zu Gott. Und die Seele gedachte, wie die Menschen gewöhnlich glauben, auf ganz anderm Wege zu

Gott zu kommen, daß sie ihn hauptsächlich preisen als
den Schöpfer Himmels und der Erde, als den Allmächtigen und Allweisen in Bezug auf die Welt. Und die
Seele wunderte sich, wie es ihr so ganz anders ergangen
war, als sie zu Gott kam. Sie war nicht zum Leben
in Gott gekommen auf dem Wege der Erkenntniß, daß
sie gefragt hätte, wer hat die Welt gemacht und wer erhält sie, sondern sie hatte gerungen, was sie thun solle
in der Welt, und da hatte sie sich die Liebe zu den Menschen erwählet als das einzige Gut und hatte dabei zu
Gott geflehet als dem heiligen und heiligenden Geiste,
ihrer Schwachheit in der Liebe zu helfen; und durch solche
Hilfe war sie Gottes gewiß geworden, und da war es
ihr wie entwöhnt worden in äußeren Dingen an Gott
als Ursache zu denken, so sehr und allein in die heiligende Liebe Gottes hatte sie sich in Gedanken und Thun
versenkt. Jetzt kamen ihr all die früheren Zweifel über
die sonderbaren und unverständlichen Wege Gottes mit
den Menschen in äußeren Dingen und sie gesellten sich
zu den Erfahrungen ihrer letzten Jahre, und damit
brachen die schlimmsten Tage über die Seele herein, und
diese Tage wurden zu Monden und Jahren und sie rang
in sich und suchte ihre Gedanken zu bannen wie eine
böse Versuchung. Denn sie gedachte also, und mußte
sich nicht zu helfen vor dem Gedanken, und sie gedachte:
Wie wenn diese Welt gar nicht geschaffen wäre von Gott,
wenn sie ewig wäre, gleichwie Gott ewig ist? wenn die
Welt, wie sie jetzt ist, zwar entstanden wäre, aber ihre
Elemente und Keime wären von Ewigkeit da neben Gott
und hätten gewisse Regeln, die sie unter einander beobachten müßten nach der Beschaffenheit, welche sie haben,

unb aus biesen Elementen unb Keimen unb nach biesen
Regeln hätte sich bie gegenwärtige Welt allmählich her-
ausgestaltet, unb ber Mensch wäre ba, weil seine Elemente unb Keime von Ewigkeit ba waren, unb sein Geist
erwachte in ihm zum Bewußtsein, wenn er einen Leib
finbet, ber tauglich ist zur Entfaltung seiner Gaben, bie
ihm aber Niemanb gegeben, sonbern bie er von Ewigkeit her so hat. Unb unter biesen Gaben wäre auch bie,
Gottes inne zu werben, wie bu es geworben bist. —
Unb bie Seele schauberte ob bieser Gebanken, unb sie
wollte ben bösen Feinben entfliehen — benn als solche
erschienen sie ihr — unb sie nahm ihre Zuflucht zu Gott
unb betete, unb betete um Kraft in schwerer Versuchung.
Aber siehe ba! biese Kraft kam nicht, bie Kraft ihrer
Liebe zu ben Menschen wurbe fort unb fort gestärkt unb
gemehrt, aber jene Gebanken mußte sie nicht los zu
werben, sie blieben unb kamen immer häufiger.

Sechstes Kaptiel.

Die Seele will ihre Zweifel baburch loswer-
ben, baß sie bie Welt als einen Spiegel ber
göttlichen Liebe aufzeiget; aber ber Begriff
ber göttlichen Liebe verbietet ihr, Gott
als Schöpfer zu benken. —

Da gebachte bie Seele: ich Thörin! wie falsch habe
ich es angefangen, mich jener Zweifel zu entlebigen;
habe ich nicht bas Mittel, Gebanken mit Gebanken zu
überwinben. Habe ich nicht Gott erkannt unb erlebt

als die heilige Liebe, durch welche der Mensch im Liebeüben stark und kräftig wird, daß er es nimmer lassen
kann, so wenig er Gott zu lassen vermöchte. Ich will
mich daran machen zu zeigen, daß die Welt, die wir
kennen, ein Werk göttlicher Liebe und eine Offenbarung
derselben ist; wie sollten da nicht jene Zweifel schwinden?
Denn wenn schon einer von ihnen hartnäckig sein und
sagen wollte: die Welt kann doch von Ewigkeit sein,
gleichwie Gott von Ewigkeit da ist und Niemand ihn
gemacht hat, so könnte ich ihm erwidern: siehe, die Welt
ist gleichwie eine Offenbarung göttlicher Liebe und als wäre
sie gemacht zu einer solchen; warum sollte sie nicht ein
Werk dessen sein, dessen Liebe sie in jedem Zug zu ver-
künden scheint? Ob solchen Gedankens ward die Seele
sehr froh, und sie machte sich flugs ans Werk. Es
dünkte ihr ein Leichtes, jene Zweifel in Ruhe zu singen;
denn sie wußte, wie alle Weisen aller Zeiten voll sind
davon, die Vollkommenheit der Welt zu preisen, und daß
diese Vollkommenheit sei ein Widerschein der göttlichen
Liebe, das schien ihr so gut als gewiß. Und die Seele
ging vorsichtig zu Werk und fragte sich zuerst dies: was
weißt du von Gott? und da wußte sie von Gott nicht
wenig. Denn sie wußte, daß er ein Geist ist, welcher
durch und durch Liebe ist, kräftige, starke, wirksame Liebe,
an dessen Liebeslicht der Mensch das Fünkchen seiner
Liebe fort und fort zur Flamme entzünden kann. Sie
wußte, daß Gott ein Geist ist, welcher das Flehen und
die Gedanken des Menschen höret und vernimmt und
sich denen zuneiget, die ihn suchen, und sie wußte, daß
er überall gegenwärtig ist, denn überall höret er das
Rufen der armen Seelen und ist ihnen beständig nahe,

2*

jedem ganz und voll, so getrennt die Menschen dem Raume
nach sein mögen, und sie wußte, daß Gott nicht heute ist
und morgen nicht ist, sondern daß er stets war, was er
ist, und stets da ist, wenn der Mensch seiner bedarf,
und daß der Mensch Gottes immer bedarf. Das Alles
sagte sich die Seele und sprach bei sich: wie schnell werde
ich meine Zweifel los werden, da ich von Gott so viel
weiß. Und die Seele meinte, wenn sie nur urtheilte,
Gott habe die Welt aus Liebe geschaffen, so verstumme
der Zweifel. Aber der Zweifel verstummte nicht, sondern redete laut und sprach: Was ist das für eine Liebe,
die Gott soll zum Schaffen gebracht haben. Die Liebe,
als welche du Gott kennst, ist die heilige Kraft, welche
zu Hilfe kommt dem Menschen, der seinem Mitmenschen
in aller Weise wohlzuthun wünscht und will. Eine
solche Liebe, was kann die schaffen? Geister könnte sie
schaffen, die sich einander lieben und die, um sich einander zu lieben, Gott lieben als die hohe Kraft wahrer Liebe.
Geister, die würde Gott kraft seiner Liebe geschaffen
haben und sie allein; denn denen kann er sich selbst als
die Liebe offenbaren, d. h. nicht blos ihnen sagen: ich
bin die Liebe, sondern von seiner Liebe ihnen lebendig
mittheilen, so daß sie dieselbe erfahren und erleben und
als ihr Höchstes hegen in ihren Herzen. Aber die Welt
hat nicht lauter Geister, die sich einander lieben, und die,
um sich wahrhaft lieben zu können, Gott lieben, sondern
die Welt hat wenig Geister und Vieles, unendlich Vieles,
was nicht Geist in diesem Sinne kann genannt werden.
Daß Gott Geister geschaffen als Offenbarung seiner
Liebe, das schien so glaublich; daß er aber die Welt,
wie sie ist, geschaffen, das war schier unverständlich.

Also die Geister, dachte die Seele, die sind von Gott;
die übrige Welt, die mag her sein, woher sie will; sie
wird ewig gewesen sein in ihren Elementen und Kräften,
aber die Geister, die stammen von der heiligen bewußten
Liebe, welche neben all diesen Elementen, unberührt von
ihnen, ist und lebt, und die die Geister geschaffen hat
und gesendet in's Fleisch, um die Erde durch die heilige
Liebe zu verklären zu einer Wohnstätte Gottes. Und die
Seele war nicht unlustig über diese Gedanken; denn sie
dachte: wie viele Völker haben die Welt nicht von Gott
geschaffen gedacht und doch an Gott geglaubt. Das ist
nicht Muthwille ihres Geistes gewesen, nicht Bosheit
ihres Herzens, nicht Verstocktheit ihrer Sinne, sondern
sie haben, vielleicht unbewußt, gedacht und gezweifelt, wie
du auch; und vielleicht haben diese Völker Recht, wenn
sie die Welt unabhängig von Gottes Walten da sein
lassen, und die Christen haben Recht, wenn sie Gott als
den Vater der Geister und die Erde als die künftige
Wohnstätte Gottes preisen; jene und diese haben beide
ein Stück der Wahrheit. Aber die Seele verweilte nicht
lange bei diesen Betrachtungen; denn sie erinnerte sich,
daß viele Weisen lehren: der Mensch sei Zweck der
Schöpfung und alles Andere sei um des Menschen willen
geschaffen; und sie sah, daß, wenn dem so ist, man die
ganze Welt als von Gott geschaffen betrachten kann.
Doch wunderte sie sich sehr über diese ganze Behauptung;
denn was soll es heißen: der Mensch ist Zweck der
Schöpfung? heißt es nicht: Gott hat den Menschen nicht
sofort schaffen können als Geist, sondern er hat ihn nur
zu schaffen vermocht als Geist in einem Leibe, und dieser
Leib war selbst abhängig von vielen Bedingungen in

seinem Dasein, und so mußte Gott erst alle diese schaffen, damit der Leib und in ihm die Seele könne in's Dasein treten; und so war aller Chor des Himmels und der Erde erforderlich, damit am äußersten Ende desselben der menschliche Geist werde. Bei diesen Gedanken schauderte die Seele; denn sie sah den Gott, den sie kannte, hinschwinden und ein ganz anderes Wesen an seine Stelle treten. Der Gott, den die Seele kannte, würde Geister geschaffen haben, die einander liebten und die ihn liebten; aber jener neue Gott wollte Geister schaffen, und er sieht, er kann es nicht sofort, und findet genau in sich vorgezeichnet, was er Stück für Stück zu thun hat, wenn er Geister schaffen will; und weil er das will als sein höchstes Wollen, als seinen Zweck, so will er auch das andere als Mittel. Da ist Gott nicht mehr die reine volle Liebe, welche helfend und tröstend eintritt in unsere Schwäche, da ist er ein Wesen, welches begehrt und das, was es begehrt, nicht so machen kann, wie es begehrt, sondern es nur so und so machen kann. Das ist nicht mehr der Gott der Liebe, wie ihn die Seele kennt, nicht mehr die bewußte heilige Liebe durch und durch und nichts Anderes, sondern da wird er gedacht nach der Weise, die wir in den beschränkten Geistern finden; die müssen es so machen, wie es da von Gott gedacht wird. Aber wenn ich Gott einmal denke, wie andere endliche Dinge, warum denke ich ihn da überhaupt als Schöpfer? Daß er mein Heiliger ist, das weiß ich; ob er mein Schöpfer ist, das weiß ich nicht; nehme ich ihn dafür, so verwandelt er sich und wird wie eines der anderen Dinge der Welt, nur sehr mächtig und gewaltig im Können und Thun. Darum halte ich ihn fest, wie

ich ihn kenne, und denke ihn nicht mehr als Schöpfer
der Welt; denn sonst wird sein Begriff verdorben und
entstellt. — Und die Seele sah weiter zu, wie sich der
Begriff Gottes gestaltet hat da, wo man ihn als Schöpfer
faßte, und sie erschrack. Denn wo das geschehen, da ist
Gott gedacht worden als die große und gewaltige Ursache
aller Dinge, vor deren Allmacht zerbricht jede Regung der
Creatur; er ist da gedacht worden, wie viele denken, daß es
eine Natur gäbe, nicht als viele Dinge mit gewissen Eigenschaften, um deren willen wir sie natürliche nennen, sondern als einen fruchtbaren Mutterschooß, welcher Leben
und Tod, Gedeihen und Zerstören in unaufhörlicher
Werdelust aus sich hervorquellen lasse. Und wo man
das vermeiden wollte, da sprach man von Gott unverständlich und ohne Verstand; da sagte man: Gott ist die
einzige wahre Ursache, aber alles Geschaffene ist trotzdem
selbstständig; Gott schafft das Nothwendige als nothwendig, das Freie als frei; das sagte man wohlmeinend
und in bester Absicht, aber wie sich das vertrage mit der
Allmacht Gottes, das hat nie ein Mensch begreiflich gemacht; denn es ist unbegreiflich. Zwar stand einst ein
Weiser auf und lehrte: in Gottes Verstand, da waren
viele Welten wie in Gedanken schwebend, und die Weisheit Gottes wählte daraus die beste, d. h. die, welche
verglichen mit den anderen die meisten und reichsten
Wirklichkeiten enthielt, und seine Liebe trieb ihn mit
sanfter und heiliger Nöthigung diese erwählte in's Dasein zu versetzen, daß sie nicht mehr bloß in seinen Gedanken bestehet, sondern existirt in eigner Existenz. So
lehrte der Weise; aber auch ihm ging bei dieser Lehre
der Gott verloren, wie ihn die Seele kennt. Denn jener

Gott liebet die reichste Wirklichkeit, aber der Gott der Seele ist durch und durch heilige Liebe, welche sich der menschlichen Liebe annimmt, daß sie groß und kräftig werde, der Gott der Seele ist Liebe, welcher die Liebe der Seelen gegen andere liebt. Und die Seele gedachte ferner: wozu bedarf es eines Gottes, um zu der Welt zu kommen, welche jener Weise wollte. Kommt nicht dieselbe Welt heraus, wenn wir denken, es existirten von Anfang an Elemente mit Kräften und Gesetzen und zu diesen Gesetzen gehörte es, daß diejenigen von den möglichen Verbindungen der Elemente sich im Dasein behauptete, welche die meiste und stärkste Wirklichkeit darstellte. Wozu ein Gott, der alles in sich so und so vorfindet von Ewigkeit? ist er verschieden von einem andern Zustand, wo alles das neben Gott gerade so da ist von Ewigkeit, wie jener Weise es in Gott sein läßt? und um es in Gott sein zu lassen, muß man den Begriff Gottes selbst verderben, muß man Gott zu etwas machen, als daß man ihn nicht kennt und nicht weiß. Ruft man ihn dann, so antwortet er nicht, wendet man sich an seine Hilfe, so bleibt sie aus; denn es ist ein erfundener Gott, der so gar nicht da ist, und der wahre Gott bleibt uns darüber in der Klarheit seines Wesens verhüllet.

Siebentes Kapitel.

Die Seele erkennet aus vielen gewissen Gründen, daß Gott nicht Schöpfer ist, es nicht sein konnte. —

Bei diesen Betrachtungen ging der Seele ein großes Licht auf; sie sah, daß man überall den Begriff Gottes

sich verfälscht hatte wegen der Schöpfung, die man ihm
zuschreiben wollte. Statt des Gottes der heiligen und
heiligenden Liebe hat man aus Gott seit tausend und
mehr Jahren das allervollkommenste Wesen gemacht; die
Vollkommenheit Gottes sollte dies sein, daß er alles
Mögliche enthalte und wirklich machen könne. Alles
Mögliche, Engel und Teufel, mußte er dann schaffen,
Gutes und Böses, denn das gehörte zu seiner Vollkommenheit. Liebe und Haß mußten zusammen in ihm sein,
denn das sind verschiedene Möglichkeiten und in Gott
müssen sie alle sein, und er muß sie zur Wirklichkeit
bringen in der Welt, damit er sich offenbare als der
Allvollkommene. Haben die Christen und haben die Religionen, welche von ihren Anhängern als die höchsten
stets sind gepriesen worden, nicht danach gedacht? Hat
da nicht Gott, weil er die Liebe war, sich erbarmen
müssen mit den Sündern, und weil er die Gerechtigkeit
war, hat er strafen müssen die Sünder, und weil er
unwandelbar sein sollte im Unterschied von der Wandel-
barkeit des Geschaffenen, so hat er mit seiner Liebe und
mit seinem strafenden Zorn unwandelbar sein müssen,
und so liebt er, die er liebt, für immer, und haßt, welche
er haßt, für immer, und so sind die Einen erwählt zum
ewigen Leben, die Anderen bleiben ihrem Verderben überlassen; Beide ohne all ihr Zuthun; denn Gott verfähret
in Allem nach seiner Vollkommenheit, ohne welche der
Mensch nichts kann, nicht sündigen und nicht frei sich
halten von Sünde; alles ist zuletzt von ihm. Ist das
anders als wie viele Völker einen guten und einen bösen
Gott angenommen haben, einen lichten und einen dunkeln
oder weiße und schwarze Götter? Diese wußten sich

wenigstens Liebe und Zorn nicht in Einem Herzen zu
denken, in einem menschlichen wohl, aber nicht in einem
göttlichen, aber die jüdischen, die christlichen, die muham-
medanischen Lehrer, die scheuten sich nicht beides in Gott
hineinzuversetzen. War es da ein Wunder, daß man
zuletzt wieder zu längstvergessenen Meinungen zurück-
kehrte und von einem Naturgrund in Gott redete, einem
dunkeln Grunde in ihm? Was jene als geistige Eigenschaft gedacht hatten, das wurde hier zu einem Natur-
grunde gemacht, weil man dachte, Gott als Gott sei heiliger Geist der Liebe, da aber doch Zorn in ihm sei, so
müsse es sein wie im Menschen, gleichsam ein Unter-
grund da sein, auf welchem und gegen welchem sich Gottes
sittlich-geistiges Liebesdasein erhebe. Weiter gedachte die
Seele, was die Folge sei, wenn man Gott als die Welt-
ursache denke. Und sie erkannte klärlich, daß dann Gott
und Welt in einander aufgehen, wie Ursache und Wirkung in einander aufgehen. Denn heutzutage kann
man nicht mehr so denken, wie in früheren Zeiten, daß
die Ursache höher sei als die Wirkung und stets mehr
enthalte als diese; so lang man so denken konnte, durfte
man auch Gott als Welturfache über der Welt und diese
ihm ungleich an Inhalt denken. Aber seitdem man erkannt hat, daß Ursache und Wirkung einander gleich
sind, was folgt daraus für Gott und Welt, falls Gott
die Ursache und die Welt seine Wirkung ist? was anders
als daß sie in einander aufgehen, völlig und rückhaltlos,
und daß jene Erzählung der Südsee einen tiefen Sinn
hat, wo es heißt: Gott war allein; er sah und gewahrte
Niemand, er rief und es antwortete Niemand, da verwandelte er sich in das Weltall. Und die Seele entsann

sich, daß die Wissenschaft auch diesen Schritt gethan hat in vielen Weisen und daß sie darum nicht zu tadeln sind; denn sie hielten die gemeinsame Meinung Aller fest, daß Gott die Welturfache sei, und verschmolzen sie blos mit der Erkenntniß der Wissenschaft von der Gleichheit der Ursache und Wirkung. Aber warum hat die Frömmigkeit hiergegen sich so sehr gesträubt, und warum wird sie es nie aufhören zu thun? Darum, weil ihr Gott ein ganz anderer ist als der so gedachte; weil sie ihren Gott findet als ewig von sich verschieden, als Geist neben dem Geist des Frommen. Ihr ist Gott der durch und durch heilige seiner selbst bewußte Geist kräftiger Liebe, der Menschengeist hat eine Ahnung von solcher Liebe, er kann in der Liebe zu seinen Brüdern das einzige Gut erkennen, was ihm Dasein und Leben köstlich und werthvoll macht, und er kann sich an Gott wenden, um Kraft und Begeisterung heiliger Liebe in ihm zu gewinnen; aber in all diesem ist er von Gott geschieden und bei aller Innigkeit seines Lebens in Gott bleibt er geschieden von ihm in alle Ewigkeit. Es ist Liebe, welche aus zweien Eins macht; der Mensch wird eingetaucht in die Ströme der lebendigen Liebe Gottes und senket sich in deren klare Tiefen, aber deshalb bleibt er ein Ich, welches vom göttlichen Ich verschieden ist, gleichwie Mensch und Mensch in Liebe eins sein können und doch der Zahl und den Eigenschaften und dem Wesen nach zwei sind und bleiben. Darum hat die Frömmigkeit Recht und zeiget sich als ächt, wenn sie die Gleichstellung Gottes und der Welt verwirft, aber sie weiß nicht und ahnet nicht, wo die Wurzel der ganzen ihr so fremden Ansicht liegt. Die liegt nicht in dem verkehrten Sinn jener

Weisen, die so dachten, sie liegt in der falschen Meinung, Gott müsse als Welturfache gedacht werden.

Damit war die Seele noch nicht zu Ende mit ihren Erwägungen; sie gedachte daran, wie man von Zeit zu Zeit, fühlend die Schwierigkeiten jener Lehre, sich so geholfen hatte, daß man sagte: Gott hat Geister geschaffen, diese hatten Freiheit, denn ohne Freiheit hat Güte und Liebe keinen Werth; durch Mißbrauch ihrer Freiheit fielen manche Geister von Gott ab, dieser Abfall von Gott das ist unsere Welt. Aber die Seele sah leicht, daß man nicht so sprechen darf; denn der Abfall reiner Geister von Gott und der Liebe unter einander, das wäre Haß gegen Gott, Neid, Mißgunst, das ergäbe eine geistige Hölle statt des Himmels göttlicher Liebe, aber eine Welt wie die unsrige mit Sonne, Mond und Sternen, Luft, Feuer, Wasser, Erde und allem, woraus diese bestehen, und allem, was in ihnen lebt und sich beweget, ergiebt es nicht.

Achtes Kapitel.

Die Seele erkennt noch weitere Gründe gegen die Schöpfung; dabei erschließt sich ihr das Wesen des Menschen und seine Freiheit. —

Aber das war noch wenig von dem, was der Zweifel in der Seele gegen jene Vorstellung laut rief; ein noch gewichtigeres Wort fing er an zu sprechen. Warum, sagte er, mußte Gott, wenn er Geister schuf, sie mit Frei-

heit schaffen? warum hat sittliche Güte nur als freie
Werth und Möglichkeit? Ist Gott nicht durch und durch
sittliche Liebe und Güte, ist er dies nicht von Anfang
an, oder, da er keinen Anfang genommen hat, ist er dies
nicht einfach, weil er es ist, wie die Elemente der Welt
sind, was sie sind und sich nicht dazu gemacht haben?
Gott ist sittliche Güte und nicht frei, er hat nicht die
Wahl es zu sein und nicht zu sein, er ist es, das ist
sein Wesen,. sein Leben, seine Seligkeit. Und könnten
von ihm geschaffene Geister nicht ebenso sein, müßten sie
nicht so sein, wenn er solche geschaffen hätte? Ja, sie
müßten so sein, da er sie aus Liebe geschaffen hätte;
denn anders als aus Liebe und in Liebe thut Gott nichts,
weil er nichts anderes ist als heilige bewußte Liebe; ja,
von ihm geschaffene Geister müßten selbst durch und durch
Liebe und so Abbilder der göttlichen Liebe sein. Die
Freiheit gehört zum Abbild der göttlichen Liebe nicht;
denn Gott ist nicht frei, er ist nicht frei, Liebe zu sein
oder nicht zu sein, er ist Liebe und muß Liebe sein, weil
er nichts anderes ist als Liebe und immer wieder Liebe.
Haben nicht alle Zeiten auch so gedacht? haben nicht alle
Völker die sittlichen Gaben, welche dem Menschen wie
von selbst zugefallen sind und gleichsam angeboren scheinen, als die höchsten gepriesen und von Gottes unmittel-
barer Gnade abgeleitet, eifriger noch als wie sie das
Uebrige von Gott ableiteten? Haben nicht auch die
Christen die sittlichen Güter, welche von Natur eigen
sind, als die größten und unmittelbaren Wirkungen
Gottes gepriesen? haben sie nicht Christum, weil er von
Haus aus sündenrein und göttlich gewesen sei, darum
zu Gott selbst, zu einer in das Wesen der Gottheit un=

auflöslich verschlungenen Person gemacht? sie bekennen
damit selbst, daß von Natur sittlich gut sein ihnen das
Höchste scheint. Blos bei dem Menschen soll es anders
sein; und warum? Weil er thatsächlich nicht sittliche
Liebe ist, sondern sie blos werden kann. Aber eben dieser
sein thatsächlicher Zustand zeuget dawider, daß der Mensch
von Gott geschaffen ist, von dem Gott, den die Seele
allein kennet, dem Gott der Liebe. Auch die Seele des
Menschen kann nicht von Gott geschaffen sein, sie ist da
von Ewigkeit im Keime, wie die Elemente und ihre Kräfte
von Ewigkeit und unabhängig von Gott da sind. Die
Freiheit der Seele beweiset, daß sie nicht von Gott geschaffen ist. Aber ist diese Freiheit nicht ein hohes Gut?
Ja, wie wir thatsächlich sind und uns finden, ist sie ein
hohes Gut, das höchste, das wir kennen; denn vermöge
ihrer Freiheit kann die Seele sich vorstellen die drei
Hauptgüter des menschlichen Lebens, die sinnliche Annehmlichkeit und ihren Genuß, die Erkenntniß und ihre
Freude, die thätige Liebe zu den Menschen und deren
Befriedigung; und sie kann erkennen, daß die sinnliche
Annehmlichkeit nie so groß ist, daß um ihretwillen es
auch nur lohnte im Dasein zu bleiben, selbst wenn dies
Dasein mühelos und sorglos in lauter Freudengefühlen
dahinflösse; denn Dasein für sich ist kein Gut und Genuß
des Daseins ist kein Gut, welches die Seele, wenn sie
denkt, festzuhalten vermöchte auch nur einen Augenblick.
Erkenntniß hat Freude, aber blos zu erkennen, was da
ist, selbst wenn es den Anstrengungen lohnte mit ent-
sprechendem Erfolg, es vermöchte nicht zu fesseln eine
Seele, welche fragt: wozu das? Aber Liebe zu üben,
Anderen ihr Dasein freudvoller und reicher zu gestalten

nach Leib und Seele, das ist etwas, was die Seele er=
hebt in eine Welt, in der sie gern weilt, in der sie jeder=
zeit zu weilen vermag; denn all unser Thun und Denken
kann so geordnet werden, daß es keinem Menschen zum
Schaden, ja vielmehr allen zum Vortheil ausschlägt und
denen, mit welchen wir zunächst zusammenleben, zum be=
ständigen Segen gereichet. Das ist die Welt, in welcher
heimisch zu sein der Seele Halt giebt für Zeit und Ewig=
keit. Das ist die Freiheit, die der Mensch hat zum Er=
kennen der Ziele, welche er sich stecken kann, sobald er
sich im Dasein mit vollem Bewußtsein vorfindet. Er
kann aber nicht blos wünschen das Dritte als das Wahre,
er kann es auch wählen. Doch das Schwere ist von
der Wahl zur That, zur beständigen gleichen Kräftigkeit
des Liebethuns zu gelangen. Das kann er nicht ohne
Gott; an Gott als die heilige persönliche Liebe muß er
sich klammern und sie festhalten, damit er hinwiederum
von ihr gehalten und gestützt werde. So kann er ein=
gehen in das Himmelreich schon auf Erden, dies Himmel=
reich ist die Gemeinschaft der Seele mit Gott in Liebe,
welche zur Liebe wird gegen die Brüder. Damit seine
Liebe kräftig werde, wendet sich der Mensch an Gott;
in ihm wird sie kräftig und mit dieser wendet er sich
wieder zu den Brüdern. So lebet er in Gott und in
der Welt zugleich; diese Liebe ist die Leiter, auf der die
Seele hinaufsteigt zum Himmel und wieder hinabsteigt
zur Erde beständiglich, diese Liebe, das sind die Engel
Gottes, welche hinauf= und hinabfahren zu den Men=
schensöhnen, die da in der Gnade Gottes leben. Solche
tragen Gott im Herzen und tragen die Welt im Herzen,
die Welt als Gegenstand ihrer Liebe, Gott als den

Quell der Kraft zur wahren Menschenliebe. Aber die Menschen wissen das nicht und erkennen es nicht, und haben keine Ahnung von ihrer Freiheit, wie sie ist. Entweder haben sie dieselbe geläugnet, damit Gott oder eine erträumte Natur alle Macht habe. Das ist eine arge Verkehrtheit; denn wenn es keine Freiheit giebt, so herrschet lauter Nothwendigkeit. Dann aber ist es nothwendig, ist es gleiche Nothwendigkeit, daß' der Mensch da die Freiheit läugnet, jener dort sie behauptet; wer von Beiden soll Recht behalten? Mit gleicher Nothwendigkeit ist dem Einen das Freiheitsbewußtsein sicher und gewiß und dem Andern ist es eine Täuschung. Der Mann der Nothwendigkeit muß sprechen: für dich ist es nothwendig zu sagen, die Menschen sind frei, für mich ist es nothwendig zu sagen, die Menschen sind nicht frei. So hebet sich seine Lehre auf und richtet sich selber zu Grunde; Freiheit und Nothwendigkeit müssen ihm gleich gelten; denn beide werden behauptet, beide mit gleicher Nothwendigkeit. Aber der Mann der Freiheit hat einen geraden Gang und klare Augen; seine Wege werden nicht verwirrt, seine Blicke nicht verdunkelt. Er weiß, alle Menschen sind frei, und um ihrer Freiheit willen können sie auch sich einreden, sie seien nicht frei. Und sie haben nicht Unrecht mit solcher Rede; denn ihre Freiheit ist nicht so, wie sie meist und selbst von den Weisen und vor sich selbst Klugen ist beschrieben worden. Die Freiheit ist da, aber als ein Fünklein, welches leicht so wird, daß es keine Kraft mehr hat zu wärmen und zu leuchten; die Freiheit ist da, aber als ein Keim, welcher mit zarter Hand gepflegt sein will, daß er nicht erfriere und verwelke und nicht mehr zum Gedeihen gelangen

kann. Wer stets im Irrthum gelebt hat in seinem
Denken, dem hält es sehr schwer, die Wahrheit zu erkennen, selbst wo sie sich ihm in leichterfaßbarer Gestalt
darstellt; es muß erst der Irrthum ausgerodet werden,
ehe die Saat der Wahrheit aufgehen kann. Sprich zu
einem Ungebildeten: die Sonne bewegt sich nicht, er wird
dich verlachen; du mußt suchen ihm nahe zu legen in
seiner Sprache und Denkweise, wie man zu dem Satze,
welcher dem Augenschein widerstreitet, gekommen ist, wenn
du nicht. in der Lage bist, ihn und all seine wildge-
wachsenen Vorstellungen umzulehren im langsamen Wege
des Unterrichts. Aber die Menschen verkehren den Trieb,
den sie haben zur Wahrheit, zur Gewißheit ihres Irr-
thums; sie meinen, im Trieb zur Wahrheit die Wahrheit selber bereits zu haben. Deshalb verschließen sich
selbst Hochgebildete dem Eingang der Wahrheit, sie halten
sich nie offen, daß sie können geirrt haben, daß sie
mindestens bekennen müssen: ich zwar vermag mich in
eine neue Wahrheit und einen neuen Weg derselben
nicht mehr umzulernen, aber ich lasse es offen, daß vielleicht die neue Lehre wahr ist. So müßten sie reden
von ihrer Freiheit aus, so sich dieselbe bewahren. Nicht
so ist die menschliche Freiheit, daß Jeder jeden Augenblick
alles kann, daß er sich in einem Nu zu ändern vermag,
sondern so ist sie, daß man die Mittel zur Wahrheit zu
kommen lerne und verstehe und sich dieselben aneigne und
ein Umlernen offen halte; und wenn die Seele bereits
zu schwach, die Gedanken durch ein langes Leben zu
fest geworden sind, und die Kraft des Lernens abge-
nommen hat, so ist die Freiheit dies, daß man weiß,
man würde vielleicht das Neue als das Wahre einzu-

sehen im Stande sein, wenn man noch die Rüstigkeit
und Frische der Jugend hätte. Das bekennen die Ge-
lehrten unter den Menschen auch wohl und von Anderen
reden sie alle Tage so; aber danach für sich zu handeln
und Andere danach milde zu beurtheilen und sich gegen
sie zu benehmen, das bleibt ihnen ferne; denn die Liebe,
die alles durchbringt, ist selten und wird kaum geahnt.
So ist es mit der Freiheit des Geistes im wissenschaftlichen Denken; diese ist da, aber wie sie da ist, wie sie
gepflegt, entwickelt, erhalten werden muß, das ist die
Hauptsache und an diese gerade denken die Menschen
nicht. Daher leugnen sie die Freiheit gerade von der
Wissenschaft aus und thun stolz mit solchem Leugnen
als Frucht der Weisheit. Die Thoren! die Freiheit, die
sie läugnen, die ist freilich nicht da, aber das ist auch
nicht die Freiheit, die der Mensch hat und durch die er
sich frei fühlt; diese wahre Freiheit aber kennen sie nicht
und wissen nichts von ihr. Mit der Freiheit im Thun
ist es nicht anders. Auch diese Freiheit des Menschen
ist nicht so, daß er jeden Augenblick mit gleicher Leichtigkeit das Eine wollen und nicht wollen kann; ja, wünschen
kann er dasselbe ebenso gut wie nicht wünschen, aber
diese Freiheit der Phantasie führet zu nichts. Der Wille
ist etwas Anderes, Höheres; er ist eine Kräftigkeit, sich
zu entschließen und den Entschluß auszuführen. Diese
Kräftigkeit muß erworben werden durch Uebung und
Selbstzucht. Hat der Mensch lange das Verkehrte gethan, so wird es ihm wie zur Natur, all seine inneren
Instrumente sind auf dies und nichts Anderes gestimmt;
will er sich ändern, so muß er alles umstimmen; das
kostet Zeit und Mühe und die Menschen sind so bequem.

Sie meinen, mit dem guten Willen sei's gethan; aber was ist ihr guter Wille, als der Wunsch, es wäre mit ihnen anders. Solch ein guter Wille soll dann ihrer Meinung nach vor Gott genügen, Gott soll ihnen helfen, damit aus ihrem Wunsch wirksamer Wille werde; aber solchem Willen hilft Gott nicht. Gott stärket die Kraft, leerer Wunsch ist aber keine Kraft. Dem Menschen, welcher entschlossen ist, lieber alle Pein zu leiden, lieber sinnlich zu Grunde zu gehen, ehe er thut, was mit der Liebe, der thätigen wohlwollenden Liebe streitet, dem hilft Gott, wenn sich der Mensch an ihn wendet, an ihm hält mit eiserner Festigkeit. Da allein ist der Wille der Liebe, der allein kann Gott ergreifen, aber Niemand darf wähnen, daß Gott je an seine Stelle träte und ihm die Wirksamkeit abnähme. Der Fromme muß Gott und Menschen lieben, ernstlich lieben, selbst wenn er in der Hölle wäre, wenn es ihm ist, als müsse er in Pein vergehen, als könne er der Versuchung nicht widerstehen.

Neuntes Kapitel.

Wie die Seele sich über all diese Erkenntniß bekümmert und wie Gott anfängt sie zu trösten und zu stärken in ihren Gedanken.

Also redete die Seele zu sich selber, und sie erstaunte über ihre eigene Festigkeit und Sicherheit, und gedachte, woher kommt mir diese. Und sie schaute zurück, und siehe da, sie war wie versetzt in eine neue Welt: Gott war ihr der sein selbst bewußte Geist kräftiger Liebe,

3*

ewig da, getrennt und geschieden von dem Menschengeist
und ihm doch stets nahe zur Hilfe und tröstenden
Stärkung; und die Welt und sie selbst war ebenso ewig
da, ihren Keimen und Elementen und Kräften nach, un=
abhängig von Gott. Und sie erkannte, daß sie in der
Liebe Gottes stand und in der Liebe der Menschen dadurch
festgeworden war, und sie gedachte: Hast du nicht alles,
was die Religionen aller Zeiten als das Höchste und
Gewisseste Unterpfand göttlicher Gnade verkündeten? nur
Eines hast du nicht; du hast Gott nicht als Schöpfer,
du hast ihn als Beseliger der Menschenherzen. Und die
Seele freute sich über das, was sie hatte; wenn sie aber
gedachte, daß sie von dem aus, was sie hatte, das ver=
loren hatte, was in allen Religionen aller Propheten
und aller Weisen stets der erste und oberste Punkt war,
nämlich die Schöpfermacht Gottes über Natur und
Menschengeist, da war sie geneigt sich einsam und öde
zu fühlen unter der Menschheit, und es ward ihr bange,
ob sie sich nicht klärlich geirrt habe in all ihren Ge=
danken. Da ging sie nochmals alles durch, was sie
bis dahin an sich selbst und Anderen erlebt und gehört
und erkundet hatte, und sie war niedergeschlagen, daß
ihr alles stets wieder und wieder so erschien, wie sie es
bis dahin gefühlt und gedacht hatte. Und sie bewegte
all diese Gedanken in ihrem Herzen und wagte keinem
Menschen davon zu reden; denn sie fürchtete, man werde
sie nicht verstehen oder für eine Thörin und Feindin
Gottes halten. Und sie betete zu Gott in der alten
Weise als dem Herrn des Himmels und der Erde, und
bat ihn mit vielen Thränen, sie nicht zu verlassen und
ihr zur Erkenntniß seiner Wahrheit zu verhelfen. Und

wo sie von einem weisen und frommen Mann hörte, der
da lebe oder gelebt habe, und von dessen Thun und
Reden es Spuren gab, da eilte sie hin und vertiefte
sich in sein Wesen, soweit es ihr zugänglich war, aber
es half ihr nichts; immer und immer wieder kamen ihr
dieselben Gedanken und sie wurden ihr stets sicherer und
klarer, und täglich erkannte sie leichter und rascher alle
falschen Züge, welche die Menschen gemacht haben und
machen, wenn sie sich Gott als Schöpfer vorstellen wollen,
und wie all ihr Sinnen da nichts hilft, sondern wie
es schier ein elendes Ding ist um ihre Weisheit, in diesem
Punkte und wie sie zergehet vor jedem Hauche des Ein-
redens selbst ganz thörichter Menschen. Und die Seele
gedachte des Glaubens, von welchem die Frommen unter
den Menschen viel reden, und wie man glauben solle,
was man nicht wisse und nicht einsehe, und daß das
die wahre Verehrung Gottes sei. Aber die Seele sagte
sich, daß glauben an Gott heißt Vertrauen zu Gott
haben, nicht zu einem Gott, den wir nicht kennen, sondern
zu einem Gott, den wir kennen oder können kennen lernen;
sobald sie aber Gott erkannte, erkannte sie ihn als die
Kraft der Liebe, durch die wir selbst tüchtig werden zur
Liebe der Menschen, als den heiligen Geist, der uns in
alle Wahrheit leitet. Aber von dieser Liebe Gottes aus
ergiebt es sich klärlich, daß Gott die Welt nicht kann
geschaffen haben; denn sonst wäre sie ganz anders als
sie ist; und die Seele gedachte ferner, daß, wenn die
Liebe den Menschen geschaffen, dann hat sie auch seine
Erkenntniß gemacht und hat gemacht, daß er Gott erkennen kann, um in ihm das Heil zu finden. Aber als
Schöpfer kann der Mensch Gott nicht erkennen, im

Gegentheil aus dem, was er erkennt, folgt, daß Gott nicht Schöpfer ist, nicht sein kann.

Ob allem dem war die Seele verwirrt und fand keinen Ausgang; sie mochte nicht sich selbst trauen, und sah doch klar und hell, daß sie nicht anders denken dürfe als sie gethan, und so war sie lange in großer Noth und in Beklemmung ihres armen Herzens.

In dieser Verwirrung geschah das Wort Gottes des Herrn an die Seele und er sprach: Fürchte dich nicht, Seele, sei getrost und unverzagt; denn ich bin bei dir und meine Augen ruhen mit Wohlgefallen auf den Wegen deiner Gedanken. Und die Seele erwiderte: Herr, mein Gott, ich weiß, daß du gnädig und barmherzig bist, geduldig und von großer Güte; du siehst an meine Armuth und Rathlosigkeit und in deiner Langmuth verwirfst du mich nicht wegen meiner Meinungen; leite mich in deine Wahrheit. Und Gott antwortete der Seele und sprach: Deine Gedanken sind wahr und richtig, soweit sie mich angehen; meinst du, du würdest sie gefaßt haben und dich losgewunden von den Ansichten vieler Jahrhunderte, wenn meine Liebe nicht stark in dir wäre und dein Verstand geschickt, diese meine Liebe rein und klar zu erfassen und von ihr auszusagen, was sie ist und was sie nicht ist. Und der Seele entfiel das Herz bei solchen Worten Gottes und sie entgegnete: Herr, führe mich nicht in Versuchung; ich bin unwürdig dein geringster Knecht zu heißen; eher glaube ich, daß alles eitel Träumerei und Einbildung eines kranken Gemüthes ist, als daß ich meinte etwas in dem entdeckt zu haben, was so sehr abliegt von der Meinung frommer und weiser Männer. Aber Gott antwortete der Seele und sprach: sei stark,

o Seele, und muthig; du bist nicht besser als alle andern
Seelen der Menschen von Natur sind; mir gegenüber
sind sie alle von Haus aus gleich. Sind sie zum Bewußtsein und zum Ueberlegen gereift, so stellen sich alle
drei Wege, der Weg sinnlicher Annehmlichkeit, der
Weg der Erkenntniß und der Weg thätiger Liebe gegen
ihre Mitmenschen vor ihnen dar, dem einen klarer, dem
anderen dunkler; die beiden ersten Wege sind vor mir
gleich, sie sind nur verschieden nach der Weise der menschlichen Anlagen; beide suchen die Freude für sich, und
finden darin den Werth ihres Lebens, die einen in den
Freuden der Empfindung, der groben oder der feinen,
die anderen in den Freuden des betrachtenden und forschen-
den Denkens; Jeder sucht dabei das, was ihm nach seiner
besonderen leiblichen oder geistigen Anlage am meisten
Genuß verspricht. Der dritte Weg ist ein ganz anderer,
der ist es, wo der Werth des Lebens darein gesetzt wird,
daß man für Andere lebt, Anderen sein Dasein weiht,
er ist es, der zu mir führen kann. Dieser Weg lebet
in allen Menschen; er wird nie ganz verdrängt; er ist
das, was die Menschen Gewissen nennen und worin sie
Gottes Stimme zu erkennen glauben; aber sie täuschen
sich. Dieses Gefühl, daß das menschliche Leben blos
einen Sinn hat, den man faßt und versteht, wenn man
nicht mehr für sich, sondern für Andere lebt, ist noch
nicht von mir, es kann aber zu mir hinführen; es ist der
Ausgangspunkt, von welchem man zu mir gelangen kann;
denn die wahre Frömmigkeit sprosset hervor aus dem
Streben nach wahrer Sittlichkeit.

Zehntes Kapitel.

Gott belehret die Seele über die mannichfachen
Ursachen, welche zu dem Irrthum, Gott
sei Schöpfer der Welt oder diese von ihm
abhängig, geführt haben. —

Und die Seele entgegnete und frug: Herr, Herr,
aber warum haben alle Menschen dich nicht als Tröster
und Beseliger in unserer sittlichen Schwachheit, sondern
als Schöpfer und allmächtigen Regenten zuerst und zu-
meist gelehrt und bekannt. Und der Herr antwortete
und sprach: Nennest du alles Religion, was auf den
Namen Gottes genannt wird? Siehe, das gehet so zu:
Der Begriff von mir ist euch nicht angeboren, wie viele
von euren Weisen gelehrt haben, aber ihr könnt auf
meinen Begriff kommen; das gehöret zu eurer urspüng-
lichen Begabung. Wenn ihr die Liebe erwählet als den
Leitstern eures Lebens, so werdet ihr eurer Schwäche
euch nur zu bald bewußt; von diesem Bewußtsein eurer
Schwäche entspringt der Wunsch: o wenn es eine Hilfe
gäbe, die mich hoch hielte in allen Versuchungen, durch
die ich stark werden könnte im Guten. Das ist der
Punkt, wo ich Gott, der Herr, anfange euch nicht nahe
zu sein, das bin ich euch immer, sondern euch als nahe
bewußt zu werden; da gilt es den Gedanken, der euch
so von mir wird, zu erfassen und festzuhalten und euch
mit all eurem Denken und Wollen in mich als die
bewußte kräftige Liebe einzupflanzen. Das ist die sittliche Bedürftigkeit, welche euch zu mir führet. Aber es
giebt noch eine andere Bedürftigkeit eures Daseins; das

ist die sinnliche Bedürftigkeit; in Krankheit wünscht ihr
Gesundheit, beim Hunger Essen, im Durst Trinken,
in Armuth Wohlstand, in Einsamkeit Gesellschaft, der
Mann wünscht sich ein Weib, die Frau einen Mann;
und ihr habt Recht mit diesen Wünschen. Denn der
Gesunde, der zu essen hat, der Wohlhabende, der mit
Menschen zusammenlebt, der Verheirathete hat vielmehr
Mittel, seine Liebe zu Andern thätig zu bezeigen, und
hat die natürlichen Anknüpfungspunkte für dies Thun; und
ihr sollt nicht auf Abenteuer ausziehen mit eurem Drang,
Anderen zu dienen, sondern ihr sollt allerwärts zusehen und
überlegen, wie dieses am besten geschieht im Anschluß an die
natürliche Weise und Einrichtung eures Lebens. Darum
denkt selbst der nach Frömmigkeit und Sittlichkeit Trach-
tende: Gott, welcher meiner sittlichen Bedürftigkeit Erfüllung ist, der wird auch die Erfüllung der sinnlichen
Bedürfnisse sein, welche ein reiches sittliches Leben zu
seiner vollen Entfaltung bedarf. Und so machet er Gott
zum allmächtigen Schöpfer Himmels und der Erde, damit das Sittlichgute allein sei und herrsche. Wo so
gedacht wird, da ist es schön als Gedanke, aber darum
noch nicht Wirklichkeit und Wahrheit. Das hast du, o
Seele, bereits erkannt: in meiner Liebe liegt von Schaffen
und Weltregieren nichts; und die Welt, wie sie ist, legt
beredtes Zeugniß davon ab, daß sie nicht als Offenbarung meiner Liebe kann angesehen werden, daß sie
mein Werk nicht ist. Und solches ist keine neue Erkenntniß von dir; zu allen Zeiten hat man sie gehabt, aber
man hat lieber gedeutelt und gedreht, als daß man sich
eingestand, was man klärlich vor sich sah. Man hat
entweder den Begriff meiner Liebe verdorben in den der

Vollkommenheit oder man sagte: der Plan meiner Welt
sei so umfassend, daß die Sterblichen ihn nicht zu ent-
wirren vermöchten. Aber auch das ist eine leere Rede,
die laß dich nicht täuschen. Das, was ihr von mir
erkennt, klar, fest und gewiß erkennt, das ist, daß ich
die heilige Liebe bin und daß ich einfach und klar bin
in meinem Thun mit euch; von dieser Erkenntniß aus
zerstört sich der gewundene und verschlungene Plan, den
ihr mir unterlegt, von selbst; meine Welt würde im
Kleinsten meine heilige Liebe athmen und nicht blos die
Vollkommenheit vieler und mannichfacher Existenzen zeigen;
darum, weil die Welt, die ihr kennt, blos Vollkommenheit zeigt und die heilige Liebe blos im Menschen durchbricht, darum eben ist diese Welt klärlich nicht von mir,
nicht mein Werk, nicht eine Offenbarung meiner Liebe;
sie hat blos eine Seite, wo sie mir zugänglich ist, das
ist das menschliche Herz. Laß dich daher in deiner Erkenntniß nicht stören, o Seele; rufe laut und verkündige
es überall, predige es in allen Häusern und von allen
Dächern: nein, diese Welt ist nicht von Gott, aber Gott
hat eine Wohnstätte in ihr, das ist das menschliche Herz;
und in dem menschlichen Herzen schlägt Gott seine Woh-
nung auf, das seinen Sinn darauf stellet, in allem, was
es thut, seine Brüder zu lieben in der Kraft Gottes. —
Es giebt noch andere Veranlassungen, welche die Menschen dazu gebracht haben, mich, ihren Gott, als einen
allmächtigen Schöpfer vorzustellen. Das ist ihre sinnliche
Bedürftigkeit, nicht wie sie in den Dienst der thätigen
Liebe kann genommen werden, sondern wie sie für sich
ist und für sich einen Werth haben will. Der Mensch,
so denkt diese Art, ist ein sittliches Wesen und ist zu-

gleich ein sinnliches Wesen; als sittliches Wesen soll er gut sein, als sinnliches Wesen will er glücklich sein; die sittliche Güte führet aber die sinnliche Glückseligkeit noch nicht von selbst mit sich, also wird Gott, zu dem der Mensch von dem Verlangen nach sittlicher Güte aus gelanget, zur Tugend die Glückseligkeit hinzuthun. So haben viele gedacht und in verschiedener Weise diesen Gedanken ausgeführt. Haben nicht manche so gesagt: dem Guten muß es auf Erden auch gut gehen, der Fromme ist glücklich, wer unglücklich ist, dem ist es eine Strafe für begangene Sünde; und als man zur Einsicht kam, daß dem nicht so wäre in der Welt, daß Liebe und Frömmigkeit nicht immer zusammen sind mit irdischem Glück, kam man da etwa zur Besinnung und sagte sich: sinnliche Annehmlichkeit ist gar kein Ziel des Menschen und seines Thuns, blos die Liebe zu Anderen ist die Aufgabe, welche der Mensch jeden Augenblick ganz erfüllen kann und in der er sein volles Genüge findet? Ja, man kam zu dieser Erkenntniß, man lehrte, daß in Noth und Tod Liebe zu üben in der Kraft Gottes das ganze menschliche Thun ist und sein muß, daß denen, die Gott lieben, alle Dinge zum Besten dienen, daß der Fromme in Leben und Sterben des Herrn ist; ja, das lehrte man, aber daneben behielt man die alte Meinung bei und verlegte wohl gar den Ersatz für die sinnliche Annehmlichkeit, die der Fromme auf Erden entbehrt habe, in den Himmel. War das Volk unterdrückt gewesen und war seine bisherige Gottesvorstellung die von einem Herrscher, welcher noch nicht weit genug als solcher anerkannt sei, so wurde die Vorstellung dieser sinnlichen Annehmlichkeit die, daß Gottes Herrschaft sich mächtig

erweist an denen, die ihr widerstreben, und daß die
Frommen und Getreuen einen Act des Gerichtes aus-
üben, durch welchen die Herrschaft Gottes und seiner
Heiligen festgestellt wird. Hatte aber das Volk bis dahin in den gewöhnlichen Annehmlichkeiten des sinnlichen
Lebens Genüge gefunden, so war die Verheißung an
die Frommen ein Paradies mit all solcher sinnlichen Annehmlichkeit, eine nie sich erschöpfende ruhige Befriedigung
aller natürlichen Triebe. Und die Weisen suchten diese
Lehren zu fassen und verträglich zu machen mit der Liebe
Gottes, aber es gelang nicht, und so wurde gerade in
den großen Religionen an die Stelle der Liebe Gottes
die Allmacht oder die Vollkommenheit gesetzt. Zu allem
dem gesellte sich noch ein Anderes: nämlich die menschliche Wissenschaft hatte frühe erkannt, daß die Dinge
nicht alle einfach sind, sondern daß sie aus einer Vielheit
von zusammenwirkenden Dingen gebildet werden, und
so war sie auf den Gedanken gekommen, Ein letztes Ding
stehe an der Spitze aller Dinge, dieses Letzte sei Gott,
die höchste Ursache. Sie achteten nicht darauf, daß in
Wahrheit die Ursachen nicht weniger werden, wenn man
zurückgeht in der Verknüpfung der Dinge, sondern immer
mehr, daß nicht zu einer Ursache, sondern zu vielen die
Welt hinweist; daß mit Gott als letzter Ursache für das
Wissen nichts gewonnen ist; denn ob es Eine letzte
Ursache giebt oder viele, das macht die Welt nicht ver-
ständlicher; wunderbar und völlig unerklärlich ist und
bleibt beides. Ist Gott die letzte Ursache, woher ist er?
darauf giebt es keine Antwort, als die: er ist einfach
da, er hat sich nicht gemacht, er ist, er findet sich im
Dasein und weiß, daß ihm dies Dasein niemand rauben

kann, und weiß, daß er Liebe ist und Kraft der Liebe,
und weiß, daß er Anderen von seiner Kraft mittheilen
kann, und sobald diese Anderen da sind, thut er es; er
gehet umher, suchend, ob er ein Herz finde, das sein
begehrt, und wenn er es gefunden, nimmt er sich seiner
an, und so es ihm treu bleibt, behält er es in alle
Ewigkeit und es lebt in seiner Liebe immerdar. Siehe,
Seele, das ist Gott, das bin ich, der Herr. Und als
solch ein letztes Sein erkennet die Seele Gott, aber als
eine letzte Ursache der Welt erkennet sie ihn nicht. Diese
letzten Ursachen der Welt, die hat nicht die Frömmigkeit
allein zu suchen, die hat die Wissenschaft zu suchen; die
Frömmigkeit weiß blos, daß Gott, ihr Gott, nicht die
letzte Ursache der Welt ist, und daß alle Versuche der
Wissenschaft Gott als diese Welturfache zu erweisen an
ihnen selbst nichtig und hinfällig sind. Für die Frömmigkeit ist diese Welt mit ihren Elementen, Kräften und
Gesetzen etwas von Gott unabhängig Vorhandenes, mit
ihm gleich sehr einfach Daseiendes; Sache der Wissenschaft ist es, diese Welt, wie sie ist, war und sein wird,
zu erkennen. Die Frömmigkeit und Sittlichkeit hat da
nichts einzuwenden, als das Eine, daß solche Wissenschaft allein nicht befriedigt, und ein sittliches Gut ist
nur, wenn sie der Liebe zu den Mitmenschen eingeordnet
wird. Erkenntniß an sich ist nicht das höchste Gut der
Menschheit, aber als ein Theil der Liebe wird sie ein
Hauptstück desselben, und ist für das Wohl des leiblichen
Lebens und die Kräftigkeit des Denkens von höchstem
Werth.

Elftes Kapitel.

Gott unterrichtet die Seele, daß bei der neuen
Lehre nichts anders sei, als es vorher auch
war, und lehret sie, wie sie beten müsse zu
Gott in Bezug auf äußere Dinge, und was
das Gebet sei. —

Und die Seele sprach: Herr, mein Gott, werden nicht
die Menschen von dir abfallen und dich gänzlich verlassen, sobald sie nicht mehr glauben, daß du es bist,
der ihr Leben und ihren Tod in seiner Hand hält, der
über sie wacht am Tage und bei Nacht, der ihnen
Sonnenschein und Regen sendet zu seiner Zeit und ihr
Herz erfreuet mit Trank und Speise, der seine Sonne
aufgehen läßt über Gute und Böse und lässet es regnen
über Gerechte und Ungerechte? beten sie nicht alle Tage
zu dir um Wohlergehen, um Segen für ihre Arbeit und
Mühe? glauben sie nicht, gerade die Frömmsten unter
ihnen, daß alles, was ihnen widerfähret, von deiner
Weisheit ihnen gesendet sei und ihnen gerade so zum
Besten gereichen werde, wie du es ihnen geschickt hast.
Und Gott antwortete und sprach: Was die Menschen,
die Frommen, meinen mit solchem Gebet, das ist gut
und schön; sie leben darin der Ueberzeugung, daß denen,
die Gott lieben, alle Dinge zum Besten dienen, und daß
nicht ihr Wille, sondern mein Wille besser geschehe.
Solche Ueberzeugung und dieser Verzicht auf rechthabe-
rische Wünsche ist gut und fromm, aber das bleibt alles
der Frömmigkeit erhalten, wie es ist. Die Welt war
bis jetzt nicht abhängig von mir, trotzdem hat der Gang

ihrer Ereignisse den Frommen, Gott- und Menschen-
liebenden Seelen zu ihrem wahren Heil gedient; solches
wird auch bleiben, so lange der Weltlauf bestehen bleibt.
Daß ihr im Vaterunser eine Bitte anders beten werdet
bei der neuen Erkenntniß, das ist aller Unterschied; ihr
werdet von nun an beten: unser tägliches Brod segne
uns heute, d. h. hilf uns, daß wir es mit frommem
Sinne zur Stärkung im Dienste heiliger Liebe zu uns
nehmen, und in diesem Sinne soll es euch schmecken und
ihr es gerne genießen. Denn ihr sollt die Welt nicht
als ein Jammerthal ansehen, sondern als eine ernste
Stätte sittlicher Arbeit, wo alles der Liebe einverleibt
werden und ihr dienen mag; es giebt kein menschliches
Werk, was nicht so getrieben und gewendet werden
könnte, daß es heilig wird und zur Heiligung führt:
Essen und Trinken, Freien und Gefreitwerden, Arbeit
und Erholung, Singen und Fröhlichkeit, alles sollt ihr
einfangen zu Werken heiligen Geistes und göttlicher
Liebe. —

Wer da sprechen wird: so es keinen Gott giebt, der
für mich sorget in allen Stücken, so giebt es überhaupt
keinen Gott mehr für mich, einen anderen Gott mag ich
nicht, — den laß seiner Wege gehen, bis sein Sinn sich
ändert und er zur Erkenntniß des einzig wahren Gottes
eingehet. Ein Mensch, der von Gott blos weiß als
dem, welcher seine sinnlichen Bedürfnisse besorgt, der
weiß von Gott noch nichts und hat nichts von ihm.
Ist es nicht unter den Menschen jetzt eine gangbare
Rede, daß von Religion eines Volkes erst gesprochen
werden könne, wenn der Gottesglaube bei demselben sich
angeschlossen habe an seine sittlichen Vorstellungen? Zu

dem, der da jammert, daß ihm ein Stück seines Gottes-
glaubens entzogen werde, sprich: es wird dir das entzogen, was durch Mißverstand in deinen Gottesglauben
hineingekommen ist; führst du nicht selbst im Munde
den Ausspruch eines Frommen, daß das Reich Gottes
nicht bestehet in Essen und Trinken, sondern in Freude,
Friede und Gerechtigkeit im heiligen Geist? und was
dir entzogen zu werden scheint, das wird auf einer anderen Seite ergänzt. Denn deine Liebe zu den Brüdern
in Kraft der Liebe Gottes ist kein müssiges Ding, kein
Betrachten und sich selbst und seine schöne Empfindung
Genießen, sie ist eine Kraft Gottes, welche da treibt,
Werke der Liebe zu wirken. Da gehe hin und lerne die
Gesetze der Natur und wende sie an, damit der Ertrag
deiner Arbeit groß und gewiß sei, und dasselbe sollen
alle Menschen thun, von gleichem Geist der Liebe getrieben; und wenn an Einem Orte Hagel und böse
Wetter der Ernte Schaden thun, so soll der Ueberfluß
des anderen Ortes den Mangel ergänzen, und ihr sollt euch
zusammenthun, den Schaden der Einzelnen gemeinsam zu
tragen. Dies sage ich nicht als Vorschrift, daß ihr es gerade
so machen müsset, um mir wohlzugefallen, sondern euch
erinnernd, wie es bereits unter euch gemacht wird, nur
daß es bei euch gewöhnlich nicht auf die Gesinnung der
Liebe gegründet ist, wie es doch sein sollte und allein
zum Guten führet. Gethan habt ihr meist immer so,
als wäre die Welt sich selbst überlassen und blos folgend
ihren Gesetzen und Kräften, aber ihr thut es noch heute
vielfach mit Zagen und wie mit bösem Gewissen. Davon seid ihr erlöst durch die neue Erkenntniß und habt
einen starken Trieb, euch mit der begeisterten Kraft eurer

Liebe allen Werken zuzuwenden, welche die Sicherheit
und Erhaltung und das Wohlsein eures leiblichen Lebens
fördern. Dies leibliche Leben, das ist der Tummelplatz
und Uebungsplatz für euer sittliches frommes Thun;
das sollt ihr hochhalten als den Boden, auf welchem
euer zum Himmel strebender Theil sich erhebet zum Bewußtsein sittlichen Thuns und göttlicher Liebe. Meinet
ihr, es ändere sich irgend etwas durch die neue Erkenntniß? Bisher glaubtet ihr, Wind und Wolken seien
Boten Gottes; dieser Glaube wird abgethan, Wind und
Wolken und alle Dinge folgen ihrer Natur und dem,
was sich aus dem Zusammenhange mit allem Anderen
ergiebt. An Gott dürft ihr euch für Wind und Wetter
nicht mehr wenden und von ihm etwas der Art nicht
fordern. Die Welt und ihre Dinge stehen nicht unmittelbar unter Gottes Einfluß, aber mittelbar bleiben
sie demselben nach wie vor unterthan. Du fragst, wie
das zugehe, ich will dir es sagen. Das geschieht durch
die Menschen; die Menschen können die Welt sich mehr und
mehr unterwerfen, indem sie ihr ihre Gesetze ablernen und
mit diesen die Welt selbst, soviel sie vermögen, belegen.
Ist aber der Wille der Menschen dem Willen Gottes
unterthan, arbeiten und leben sie in der Liebe Gottes
und der Menschen, dann ist auch die Welt ein Haus
Gottes, ein Wohnplatz seiner Herrlichkeit und Kraft.
Wenn du in Gefahr bist, so denkest du nicht mehr: Herr,
errette mich, sondern wenn du so betest, so hat es einen
anderen Sinn und eine neue Meinung; es heißt dann
so viel, wie: Herr, stärke meine sittliche Kraft, daß ich
nicht verzage, sondern den Muth hoch und alle Sinne
offen behalte, damit ich die Gelegenheiten, die etwa sind

ober sich noch zeigen können, zu meiner Rettung benutze.
Wenn du betest: Gott bewahre alle Menschen und nehme
sie in seinen gnädigen Schutz, so heißt das jetzt: Gottes
heilige Kraft möge allen Menschen allezeit nahe sein und
sich ihrer annehmen, damit sie die Wahrheit Gottes erkennen, und was zu ihrem Besten dient, mit seiner Hilfe
thun. Wenn du am Bette eines Kranken stehest, so
betest du nicht mehr: Herr, erhalte ihn, sondern: Herr,
ich wünsche, daß er noch leben bleibe, denn ich möchte
ihm noch viele Beweise meiner Liebe geben; darum flehe
ich zu dir, Herr, stärke meine Kraft, daß ich nicht ver-
wirret werde in meiner Angst, sondern Herz, Sinne und
Verstand am rechten Fleck bleiben, damit ich alles thue,
was den Kranken etwa noch zu erhalten im Stande ist;
vor allem aber, Herr, bin ich ich deß froh und gewiß,
daß wir im Leben und Sterben dir angehören können;
sei du daher nahe mit deinem Geiste dem Kranken in
seiner Todesnoth und mir in meinem Leide, daß ich ihn
missen soll, damit wir zu denen gehören, die Gott lieben
und denen alle Dinge zum Besten dienen.

Zwar brauchst du Gott nicht darum ausdrücklich zu
bitten, er ist schon von selbst nahe Allen mit seinem
Geiste, aber du bittest es für Andere, weil du für dich
in gleicher Weise bittest. Das Gebet zu Gott hat eine
hohe Kraft; nicht daß Einer für den Andern so beten
könnte, daß Gott dem Zweiten etwas thut, was er nach
dessen Zustand selbst nicht thun würde. Gott drängt
sich nicht auf; das Gebet des Einen für den Andern ist
herrlich als ein Ausdruck der innigen Liebe des Ersten
für den Zweiten, aber es kann dem zweiten nicht helfen,
so er nicht selbst betet, sich nicht selber zu Gott wendet.

Das Gebet der Seele ist ihr Sprechen zu Gott, ihr beständiges Denken an Gottes heilige und heiligende Liebeskraft; dies Denken als der fortwährende Entschluß, jener Liebe angehören zu wollen und nicht von ihr zu lassen, das ist das wahre Gebet des Herzens. Das Gebet der Lippen ist nichts, wo jenes Gebet im Geist und in der Wahrheit fehlt. Das ganze Leben des Frommen ist ein unaufhörliches Gebet; er gehet mit ihm zu Bette, er steht mit ihm auf, bei Tisch und bei der Arbeit, in Leid und Freude, im Schooße der Familie und in der Fremde, im Arme seines Weibes und am Grabe seiner Angehörigen, da ist in ihm das stille wortlose Gebet zu Gott, der Aufblick der Seele zu seiner Kraft da. Wo Gott nicht dabei sein kann, wo du ein Werk unternimmst, bei dem du den Gedanken an ihn scheust, da siehe zu, ob es ein Werk ist, welches sich mit der Liebe zu den Menschen in Kraft der Liebe Gottes verträgt. Auch darfst du umgekehrt sprechen: wo ich etwas thue, bei dem ich es wage an Gott zu denken, da ist mein Werk ein gutes und Gott wohlgefälliges Thun; so darfst du sprechen, wenn du denkst an den Gott der Liebe, der thätigen wohlwollenden Menschenliebe. Aber nicht darf der so sprechen, der einen Gott denkt, zu dem er nicht von der Liebe aus gekommen ist. Wer an einen solchen Gott denkt, denkt nicht an mich, und ist nicht behütet vor Bösem. Den Gedanken des allmächtigen Schöpfers haben die Menschen stets gebraucht und brauchen ihn noch täglich, um ihrer Fleischeslust oder Gewinnsucht oder Herrschsucht das Wohl Anderer zu opfern. Sie sprechen in ihrem Herzen: Gott ist gerecht, wenn er thut, was er will; er ist der Allmächtige; wer kann ihm widerstehen? er hat

die starke Begierde in mich gepflanzt, er hat mir die
Klugheit gegeben und die herrliche Gelegenheit mein Vermögen zu mehren, er hat den Trieb in mich gelegt, große
Thaten zu vollführen auf dem Angesicht der Erde. So
denken nicht Wenige in ihrem Innern. Es sind nicht
die Schlechtesten, die, wenn sie sich einmal entschlossen
haben, ihren Leidenschaften zu folgen, Gott läugnen und
Alles der Natur zuschreiben, einer allgewaltigen, von
welcher der Mensch ein Theil sei, aber ein schwacher und
ohnmächtiger. Diese haben nicht Recht in ihren Gedanken
von der Natur, sie haben Unrecht, daß sie ihren Leidenschaften folgen, aber sie haben doch noch eine Ahnung
davon, daß Gott ein heiliges Wesen der Liebe sein müsse,
und daß ein allmächtiges und allkräftiges Wesen, von
dem des Menschen Kraft und Macht blos ihren Ursprung
nehme und ihre Berechtigung herleite, nicht Gott sei.

Zwölftes Kapitel.

Gott belehret die Seele, warum es den Men-
schen so schwer wird zu ihm zu kommen.

Und die Seele sprach: Ach, Herr, wie ist es schwer
zu dir zu kommen; denn die Triebe sind mächtig und
vieler Menschen Einsicht ist gering. Und Gott antwortete und sprach: zu mir zu kommen in voller und reiner
Erkenntniß, das ist schwer und ist selbst Frommen und
Heiligen nicht ganz zu Theil geworden. Aber zu mir
zu kommen als dem Beseliger der Herzen, wiewohl allerlei
falsche Vorstellungen von Schöpfer und Regierer sich mit

einmischen, das ist nicht so überaus schwer, aber die
Menschen verlegen sich selber die Wege. Scheut nicht
jeder Mensch zum ersten Mal vom Bösen zurück, vom
Bösen d. h. von allem, was der Liebe geradezu zuwider-
läuft? begleitet nicht den Verkehrten auf der Laufbahn
der Sünde der Zweifel, ob er recht handle? warum sind
die Menschen so erfinderisch, sich selbst zu entschuldigen
und sich einzureden, daß sie recht thun mitten in der
Verkehrtheit, daß die Anderen mindestens sie dazu ge-
nöthigt hätten, so zu sein, zu ihrer Vertheidigung und
zur Abwehr. Es stehet geschrieben in euren Büchern
von einem Wilden, der es durchaus nicht Unrecht fand,
einem Anderen seine Kühe und sein Weib wegzunehmen
und sich anzueignen, und als man ihn dann fragte, ob es
also kein Unrecht sei, wenn ein Anderer ihm selber Weib
und Kinder raube, meinte: wenn er einem Anderen Weib
und Heerde wegnehme, so sei das gut, bös aber sei es,
wenn man ihm das Seine wegnehme. Dieser Wilde
hätte zur Liebe der Menschen durchzubringen vermocht in
allen Hauptzügen und Hauptstücken. Da giebt es keine
Entschuldigung; wenn der Mensch ein helles und klares
Bewußtsein hat, so findet er auch die sittlichen Vorstellungen in sich, so gut wie die Begehrungen, aus welchen die Leidenschaften und Laster entstehen. Aber gewöhnlich ist er zu träge, um sich der Arbeit zu unter-
ziehen, die sittlichen Vorstellungen auch zu befolgen;
denn die Begehrungen fahren geradezu und wollen blos
das Ihre, die Liebe aber fraget, was des Anderen ist.
Diese Begehrungen zu bändigen und umzuschaffen zu
Dienern und Gehilfen im Reiche des Guten, das ist
schwer und gelingt nicht ohne saure Mühe und die stärk-

sten Kämpfe. Das weiß der Mensch; er weiß auch, daß
er seinen Willen ausbilden kann zu einer Kraft; dies
thut er regelmäßig für irgend eine Seite seines Strebens
oder zum Dienste irgend einer Leidenschaft; aber dasselbe
zu thun im Dienste der Liebe, das verschmähet er. Gewöhnlich hat er nicht den Willen, sondern blos den
Wunsch anders oder besser zu werden, als er ist. Dazu
wirket mit die falsche Vorstellung vom freien Willen und
von göttlicher Gnade; beide versperren den Weg zu Gott
in der Absicht, ihn zu öffnen und zu ebenen; beide gehen
von der Lehre der Schöpfung aus, die Einen wollen
Gott entschuldigen durch des Menschen freien Willen, die
Andern ihn verherrlichen durch seine freie Gnade. Durch
beides wird der Mensch irregeführt vom rechten Wege
ab. Sobald eine Versuchung zur Sünde kommt, kämpft
der Mensch einige Zeit mit ihr; hat er das mehrere
Wochen gethan und die Versuchung weicht nicht, so fängt
er an zu zweifeln an der Kraft und Wirklichkeit seines
freien Willens und so überläßt er sich der Sünde als
einer Gewalt Gottes oder der Natur, wider die er nichts
vermöge; so unterliegt der Mensch bald nach der Jugendzeit. Diese selber wird den Meisten noch sittlich leicht,
weil ihr Geist mit Begierde noch Alles erfaßt, auch die
Hoheit des sittlichen Lebens, wie es im Bilde gezeigt
wird, und weil die eigenen Begierden noch mäßig und
nicht allzuschwer zu überwinden sind, so daß es ein
Leichtes scheint die Reinheit des sittlichen Lebens festzuhalten und in sich selber durchzuführen. Aber sobald
die Begierden und Leidenschaften stark werden, kurz nach
der Jugendzeit, da denkt der Mensch selten daran, daß
auch die Freiheit stark werden und er diese in aller

Weiſe kräftigen müſſe, um das erwählte Sittliche feſtzu-
halten und auszugeſtalten zur Wirklichkeit ſeines Thuns.
Denkt er aber daran, ſo ſieht er ſich nach Hilfe und
Beiſtand um und kommt ſo zu Gott, zu dem wahren
Gott der heiligen Kraft der Liebe; denkt er nicht daran,
ſondern ziehet die ſtarke und angenehme Begierde vor,
ſo entſchuldigt er ſich vor ſich ſelber damit, daß ſein Ver-
ſtand wohl ſtark genug ſei, das Gute einzuſehen, ſein
Wille aber nicht ſtark genug es zu thun, und unterwirft
ſich dem, wie einem Verhängniß. Oder er verzichtet auf
ſeine Freiheit und deren Kräftigkeit und wendet ſich an
die göttliche Gnade; die ſoll ihm das leiſten, wozu er
zu ſchwach iſt. Dieſe göttliche Gnade ſtellt er vor, als
ob ſie ſein Herz herausnehmen und ein neues einſetzen
werde, als ob ſein Wille zu verſchwinden und der göttliche Wille an die Stelle zu treten habe, als ob ſein
Denken ſchweigen und Gott ſtatt deſſen in ihm reden
ſolle; und wenn er das ernſtlich ſo nimmt, wie er es
denkt, ſo flehet er umſonſt um Gottes Gnade, dieſe zieht
ſo nicht in ſein Herz ein, ſondern bleibt ihm ferne; denn
er hat nicht die Kraft ſie herbeizuziehen. Da wird es
Nacht in ihm und Verzweiflung übermannt ihn, er
hält ſich für verworfen von Gott, und ſo lebt er in
Zweifel und Bangen, oder wendet ſich kräftig der Sünde
zu, meinend, dieſe wenigſtens genießen zu wollen in vollen
Zügen, da ihm das Reich der Gnade verſagt ſei. Aber
anders iſt es, wo die Gnade in rechter Weiſe geſucht
wird; denn die göttliche Kraft wird Niemand zu Theil,
er ſtrecke und dehne ſich denn darnach mit allem Fleiß.
Wer nicht den feſten Willen hat, in die Sünde nicht zu
willigen, lieber zu Grunde zu gehen, ehe er von der

Liebe der Menschen und Gottes abfalle, dem kann Gott
nicht helfen. Der Mensch muß entschlossen sein, den
Begierden und Leidenschaften auf das Aeußerste zu widerstehen, falls er Gott angehören will; solchen Kämpfern
giebt Gott Kraft und sie werden derselben inne, ob nun
sittliche Liebe zu üben ihnen mit der Zeit leicht wird
und zur anderen Natur, oder ob sie ihr Leben lang zu
kämpfen haben mit vielen Begierden oder vielleicht
besonders mit Einer, welche stets wiederkehrt als Versuchung.

Dreizehntes Kapitel.

Worte Gottes an die Seele von der Gnade, vom Glauben, vom natürlichen Menschen, von der Bekehrung und dem Gesetz der göttlichen Liebe. —

Und die Seele sprach: Herr, mein Gott, kann deine
Gnade nie verloren gehen? Und der Herr antwortete
und sprach: Meiner Gnade gehet verlustig, wer nicht fest
an ihr hält. Die Liebe zu den Menschen und zu mir
als dem, der solcher Liebe Kraft und Stärke verleiht,
darf nie erkalten. Diese Liebe zu mir nützt nichts, wenn
sie blos Liebe der Phantasie ist; es gilt vor mir nicht,
daß sich Jemand begeistere für die Lehre von mir, daß
er sich entzücke im Gedanken an mich. Gott siehet das
Herz an; das Herz des Menschen aber, das ist sein
innerster Wille; dort reget sich die wahre und wirkliche
Lebendigkeit des Menschen. Wie der Mensch thut, so ist

er wirklich. Darum irret euch nicht, Gott läßt sich nicht
täuschen; wessen Herz auf Liebe gerichtet ist, der thut
Liebe, sein Leben ist Liebe zu üben. Wer nicht Liebe
übt, dessen Herz wohnt nicht in meiner Liebe. Von mir
und meiner Liebe zu reden ist noch nichts, von mir und
meiner Liebe zu dichten und zu träumen in stiller Phantasie ist nichts, über mich und meine Liebe zu denken
und sie zu erweisen als das beste ist noch nichts; erst
dann wird etwas, wenn sich des Menschen Wille streckt
nach meiner Liebe und sie ergreifet und selber thätige
Liebe wird; ein solcher übt Liebe, weil er Liebe ist und
geworden ist. Solcher Art ist der wahre Glaube an
mich; glauben an mich heißt leben in göttlicher Liebe,
leben in göttlicher Liebe heißt durch mich Liebe geworden sein im innersten Herzen und aus solcher Wurzel
Blüthen und Früchte thätiger Liebe hervortreiben. Jede
andere Liebe ist nicht meine Liebe. Laß dich nicht berücken,
o Seele, von dem, was die Menschen Glauben nennen;
solcher Glaube reicht selten bis in's Herz. Die Weisen
unter euch hatten Recht, als sie sagten: drei Viertel der
Menschen wähnten zu glauben und glaubten nicht; denn
wenn sie wirklich glaubten, daß Gott heilig sei und sie
heilig in ihm werden müßten und er ihnen dazu beständig nahe sei, wie ganz anders würde ihr Thun und
Lassen sich gestalten; so aber lassen sie Gott Gott sein,
sie erkennen ihn an als existirend; das nennen sie Glauben. So finden sie sich ab mit Gott und mit ihren anderen Trieben; ihr Leben ist ein Gemisch aus dem Trieb
der sinnlichen Annehmlichkeit, dem Trieb der Erkenntniß
und der Ahnung, daß Liebe zu den Menschen in Gott
des Menschen wahres Heil sei. So soll es nicht unter

euch sein; ihr sollt reif sein und mit Klarheit das Eine
erfassen, was noth thut.

Und die Seele sprach: Ach, Herr, mein Gott, kann
denn der Mensch stets eingehen zu deiner Gnade, wird
ihm die Fähigkeit nie ersterben, zu deiner Gnade erhoben
zu werden? Und Gott antwortete und sprach: Der
Mensch ist frei, frei von Haus aus und durch Anlage
seiner Natur; er ist frei in dem Sinne, daß er erkennen
kann, was zu seinem Frieden dient, und daß er sich
wenden kann an mich, damit er durch mich erreicht, was
ohne mich blos leere Sehnsucht in ihm bliebe; aber er
kann mich auch verschmähen. Verwirft er die Liebe zu
den Menschen als sein einziges Gut, so verwirft er mich;
denn nur von dem Gedanken jener Liebe aus führet der
Weg zu mir, zu dem lebendigen Gott. Alle andern Wege
führen nicht zu mir; darum sind auch alle, welche die sinnliche Annehmlichkeit oder die Erkenntniß als das Höchste
ansetzen, nicht zu Gott gekommen, sondern zu einer Natur
oder einem Weltgrund, in welchem alle Dinge schlum-
mernd ruhen und aus dem sie nach und nach entlassen
werden und wo sie die Erkenntniß wiederfindet. Der
Mensch kann sich der Liebe ganz entschlagen, also daß
nicht die Liebe zu den Menschen der Leitstern ist, dem er
folgt in Denken und Thun, sondern er selbst wird sich
dann die Sonne, um welche er alles Andere kreisen
läßt; er denkt: was ich begehre, das ist mein Recht, und
dawider kommt Niemand auf. So zu thun und zu
denken ist dem Menschen natürlich; es ist die Stimme
der Begehrungen, welche sich darin vernehmen läßt.
Darüber erschrecke der Mensch nicht; das ist nicht Sünde,
nicht seine Schuld, daß es so in ihm beschaffen ist. Es

ist seine natürliche Beschaffenheit, gerade so wie es zu
seiner natürlichen Beschaffenheit gehöret, daß er der Liebe
fähig ist, der thätigen Liebe zu den Menschen, welche
ihn zugleich hinführet zu mir, seinem Gott. Wie die
Seele die und die leiblichen Erregungen empfindet als
Farbe und die und die anderen als Ton, so empfindet
sie die und die leiblichen Erregungen als Begierde nach
Speise, nach Trank, nach Weib oder Mann, und daraus
wird der Wunsch zu haben, was diese Begierden befriedigt,
es in Fülle zu haben, für sich zu haben; so entstehet das
Gelüste nach Reichthum, nach Ehre vor den Menschen
— beide Begierden wollen die Macht, welche das sinnliche Dasein erhöht — und nach Wollust. Alle diese
Triebe und Begierden bilden sich wie von selbst, und
werden gewaltig und unterjochen die Herzen, wenn sie
nicht frühe gezähmt und gebändigt werden durch den
starken Willen zum Guten, durch die Liebe zu den Menschen in Kraft der Liebe Gottes. Darum sollt ihr eure
Kinder von frühe an erziehen zum Willen der Liebe;
ihr sollt ihnen nicht die Wahrheit verschweigen, wie es
stehet mit der menschlichen Natur, sie auch nicht an
Hilfen weisen, die nichts helfen. Ihr sollt ihr Gemüth
nicht ängstigen und verwirren, so daß, wenn die Begierden erwachen mit der Ausbildung des Leibes, sie
glauben bereits sündhaft und verloren zu sein, weil
derlei Begierden in ihnen überhaupt auftauchen. Was
heuchelt ihr immer in euch selbst und seid unaufrichtig?
ist es nicht ein wahres Wort von einem eurer Weisen:
wie es natürlich ist, daß ein vierjähriges Kind Nasch-
werk verlangt, so ist es natürlich, daß ein neunzehn-
jähriger Mensch Lust hat nach Wein und Weibern. Aber

was natürlich ist, das ist darum noch nicht gut und noch
nicht recht. Das könntet ihr blos meinen, so lange ihr
glaubtet, die Natur sei Gottes Werk und also sei, was
natürlich wäre, auch recht zu thun. Weil ihr aber selbst
erschracket vor den Folgerungen, welche aus solcher Lehre
herflossen, so dachtet ihr, die Natur müsse gut von Gott
geschaffen sein, sie sei verdorben durch die Menschen;
aber dem ist nicht so. Was ihr Natur nennt, das ist
nicht mein Werk, sondern ich bin die Liebe, welche das
ihr Verwandte aus der Natur zu sich erhebet, wenn ihr,
denn ihr seid dies, dem Zuge zu mir mit Kraft und
Ernst folgt. Darum sollt ihr den Begierden der sinnlichen Annehmlichkeit nicht nachgeben, sondern sollt fragen:
was fordert die Liebe zu den Menschen, die kräftige und
ernstliche, welche aus Gott ihre Stärke schöpft? und was
die fordert, das müßt ihr thun, es sei euren sinnlichen
Trieben lieb oder leid. Nicht sollt ihr eure sinnlichen
Triebe einfach ertödten, denn das ist noch lange nicht
die Liebe, die ich will; ihr sollt sie vielmehr zum Guten
wenden; dann sind sie ein Segen der Liebe unter den
Menschen, Ehe, Reichthum, Erwerb, Arbeit, fröhliches
Zusammensein mit einander, das sind große Güter vor
dem Herrn; wo alle Menschen in friedlicher und glück-
licher Ehe leben, ihre Kinder zur Menschenliebe und
Gottesliebe erziehen, wo alle durch Arbeit ihren Unter-
halt redlich und fleißig erwerben, wo Lieblichkeit herrschet in den Kreisen der Menschen und alle einander
dienen und jeder sich saget: ich will Alles so einrichten,
wie es zum Besten der Anderen gereichet, da, da ist die
Stätte Gottes unter den Menschen, da wohnet er zwar
nicht in sichtbarer Herrlichkeit, aber da ist er gegenwärtig

in den Herzen, und sein Thron strahlet aus der Un=
sichtbarkeit da in die Sichtbarkeit. Aber so ist es selten
unter den Menschen und die sind zu zählen, welche so
denken und thun. Der Mensch kann ganz anders wer=
den, er kann seinen Lüsten und Begierden folgen, dann
erbleichet das Bild der Liebe in ihm und sein Wille wird
stark für seine Leidenschaft. Ja, der Gedanke der Liebe
kann so schwach werden und sein Wille so sehr ganz und
gar den Leidenschaften dienen, daß er sich nicht mehr
loszureißen vermag, selbst wenn er es wünschte. Ist es
denn so selten unter den Menschen, daß einer sagt: ich
sehe wohl ein, daß das wahre Gut ein ganz anderes
gewesen wäre, aber ich kann mich nicht mehr ermannen,
das Alte abzuschütteln und ein Neues zu beginnen. Da
bleibt der Mensch in seiner Verkehrtheit, sein Wille ist
entnervt und ertödtet. Zwar bleibt ihm noch der Ge=
danke, daß er sich verantwortlich fühlt dafür, wie er
thatsächlich geworden ist; er erkennt, daß er anders hätte
werden können, wenn er gewollt und die Kraft aus der
Höhe sich gesucht hätte. Wo aber der Wille des Men=
schen nicht mehr wirket, da kann auch Gott diesem
Willen zur Kraft nicht mehr helfen. Gott wirket nicht
statt des Menschen, der Mensch muß wirken, er selbst,
aber mit der Kraft des Herrn, seines Gottes.

Und die Seele sprach: Ach, Herr, giebt es keine Um=
kehr für den Sünder, daß er aus der Verkehrtheit komme
zu dir? Und der Herr antwortete und sprach: Aus der
Verkehrtheit müsset ihr alle erlöset werden durch mich.
Es ist Keiner, der nicht mit Versuchungen zu kämpfen
hätte, es ist auch keine Erziehung, welche alles so machen
könnte, wie es gerade die besondere Natur dieser Seele

erforderte von euch geführt zu werden, damit ohne allen
Anstoß die Entwicklung zum Guten gediehe. Selig ist
der Mensch, welcher früh das Gute ergreifet und be-
wahret in einem treuen und fleißigen Gemüthe. Wohl
kann der Sünder, auch der arge, sich bekehren zu mir,
wenn er Reue hat und die Kraft noch hat, auszuziehen
den alten Menschen und anzuziehen den neuen, dessen
Leben ist in rechtschaffener Gerechtigkeit und Heiligkeit.
Aber Niemand vertraue auf solche Bekehrung und denke:
erst willst du den Begierden folgen, dann hast du noch
immer Zeit umzukehren zur Liebe Gottes und der Menschen. Irret euch nicht, Gott läßt sich nicht spotten. Was
der Mensch säet, das wird er ernbten; wer auf das Fleisch
säet, der wird vom Fleische das Verderben ernbten; wer
aber auf den heiligen Geist säet, der wird vom Geiste Gnade
und ewiges Leben ernbten. Sehet auch an die Frommen,
welche ihr preiset, die aus einem sündhaften Leben noch
durchgedrungen sind zur Gnade Gottes? haben sie nicht
bei viel wahrer Frömmigkeit noch mehr verkehrte Meinungen unter euch gepflanzt und groß gezogen? War
einer unkeusch gewesen, so wurde er ein Feind nicht der
Unkeuschheit, sondern des Triebes überhaupt, und stellte
die wahre Ehe, die er nicht kannte, gleich seinen verkehrten Verhältnissen, also daß er meinte, es sei christlicher
und gottwohlgefälliger nicht in der Ehe zu leben. Hatte
einer Erkenntniß geliebt und war seine Erkentniß falsch
und irrig gewesen, so verwarf er nicht die falsche Erkenntniß, sondern alle Erkenntniß und beugte jedes Denken unter das Denken Anderer, das man doch nicht blos
annahm, sondern auslegte und so wieder durch eigene
Erkenntniß änderte. War einer ein Freund von Reich-

thum und fröhlicher Erwerbslust gewesen und von ge-
selligen Freuden, so suchte er nicht den Unterschied von
alle dem, wenn es um der Liebe willen geübt wird und
wenn es blos sinnliche Annehmlichkeit und Begierde ist,
sondern er lobte die Armuth, den Bettel, die Feindschaft
gegen alle Fröhlichkeit, meinend, dadurch Gott zu dienen.
Hatte einer vorher alle Ermahnung und alle Lehre in
den Wind geschlagen und war seines sinnlichen Herzens
Eingebungen blindlings gefolgt, so wollte er jetzt nicht
dem besseren Zuge in ihm nachgehen und sich durch ihn
zu Gott führen lassen, sondern er hielt es für fromm,
sich ganz und gar Anderen hinzugeben, damit sie ihn
leiteten und führten wie ein Kind am Gängelbande, und
das nannte er Gott in sich walten lassen und ihm allein
sich ergeben. Selbst die unschuldigen Verirrungen der
nach Gott dürstenden Seele ziehen sich in das Denken
eurer Frommen hinein. Hatte einer durch äußere Werke,
durch Fasten, Gebet der Lippen, Kasteiungen seines Leibes
Gott gesucht und nicht gefunden, und hatte erkannt endlich, daß Gott solche Werke nicht will, so war er in Gefahr, den Glauben allein zu preisen und nicht immer zu
merken, daß glauben an Gott heißet leben in Gott und
daß in Gott niemand lebt, der nicht Liebe ist gleich ihm.
Und wiederum war einer schwer und mühselig und unter
vielen Kämpfen und Thränen zu meiner Gnade hindurchgedrungen und war nahe daran gewesen zu verzagen, bis
es ihm zuletzt gelang, so war er wie überrascht und verwundert, daß er nun bei Gott war und bei ihm zu
bleiben vermochte, und so gedachte er Gott zu erhöhen,
wenn er ihm alles zuschrieb und lehrte: ich bin zu Gott
gekommen, weil er mir das Wollen und Vollbringen

gegeben hat; er läßt zu sich kommen, wen er will, und läßt fern von ihm, wen er will; darum ist es nicht gelegen an unserm Laufen und Rennen, sondern an Gottes Erbarmen. Und so verdirbt er meinen Begriff; denn eben wo er mich gefunden hat als die Liebe, da verwandelt er mich in eine willkürliche Macht, welche grundlos Diesen so und Jenen so behandelt, und so wird mein Name mehr gelästert unter den Menschen als verherrlicht. Denn ich bin nicht ein Gott, welcher Macht und Gewalt zeigt, damit die Menschen erschrecken und sich fürchten, sondern ich bin die ewige Liebe, welche jedem Menschen dienet und hilft, der herzliches Verlangen nach ihr trägt. Ich wirke nicht ohne Regel und nach Laune; wo die Regung des Willens zur Liebe ist, da bin ich und stärke und tröste. Das Gesetz, wie ich helfe, das könnt ihr zwar nicht berechnen und bestimmen nach Maß und Gewicht, doch ist es fest und geordnet; je stärker euer Wille, desto größer meine Kraft in euch; je ernster euer Entschluß, desto fester mein Beistand; denn das ist meine Natur und mein Wesen, daß ich euch helfen muß, wo ihr von der Liebe zu den Menschen aus nach mir euch strecket, und ihr dürft wohl singen von mir, die Worte eines von euren frommen Dichtern leise abwandelnd:

> Ist es doch dein ewiger Wille,
> Daß du endest dieses Werk:
> Hierzu wohnt in dir die Fülle
> Aller Weisheit, Lieb und Stärk,
> Daß du nichts von dem verlierest,
> Was sich dir ergeben hat,
> Und es aus der Wirrniß führest
> Zu der Liebe Ruhestatt.

Ach, so mußt du uns vollenden,
Willst und kannst ja anders nicht:
Denn wir sind in beinen Händen,
Dein Herz ist auf uns gericht't. —
Unsers Geistes Wille bindet
Dich in Liebe, läßt dich nicht,
Bis er die Erlösung findet,
Da ihm Zeit und Maß gebricht. —

Mach uns rein und ganz vollkommen,
Nach dem besten Bild gebild't;
Der hat Gnad um Gnad genommen,
Wer aus deiner Füll sich füllt.

Vierzehntes Kapitel.

Gott tröstet die Seele, daß nicht blos bei dem neuen, sondern auch bei dem gewöhnlichen Begriff von Gott die Menschen sich Gott vergleichen können in falscher Weise. —

Und die Seele war durchschauert von namenloser Wonne über all die Worte Gottes; denn sie waren Balsam für die Wunden, die der Zweifel an sich selbst ihr zu schlagen begonnen hatte. Und sie sprach: Herr, mein Gott, in Anbetung liege ich vor dir und mein Herz wagt kaum zu gedenken, daß du es bist, der mit mir redet, der meine Sprache spricht, die Sprache meiner Gedanken und Zweifel, damit ich die göttliche Wahrheit fassen und verstehen kann. Und der Herr antwortete und sprach: Rede, Seele, wenn du noch fragen willst; welche Zweifel wühlen noch in beinen Eingeweiden? Da faßte sich die Seele ein Herz und sprach: O Herr, wer-

ben nicht viele, die beine Offenbarung hören, bange
werden, daß dieselbe eher zum Schaden als zum Nutzen
der Menschen gereiche? werden sich nicht die Menschen
überheben und sprechen: Gott ist geworden wie unser
einer; wodurch kann er noch groß und gebietend erscheinen vor mir? Er ist ewig; aber ich, meine Seele und
alle Theile, aus welchen mein Leib letztlich besteht, sind
auch ewig wie er. Er ist nicht hervorgebracht von An-
berem, er ist, wie er ist, und bleibet in alle Ewigkeit so.
So bin ich nicht; ich habe kein Bewußtsein gehabt, so
viel ich weiß, ehe ich in diesem Leib lebte, ich war zwar
als Seele, aber tobt und unbewußt; erst in und durch
meinen Leib bin ich erwacht zum Bewußtsein und sind
meine Gedanken, Gefühle, Begehrungen und Willen her=
vorgetreten in mir. Das ist ein Unterschied zwischen mir
und Gott, aber ist er so groß? Hat Gott nicht, was er
ist, von Natur, d. h. nicht von Etwas, das vor ihm
und über ihm da gewesen wäre und von dem er, was
er ist, empfangen hätte, sondern er ist einfach, was er ist
und ist es immer gewesen und wird es immer sein. Er
ist die allgegenwärtige Liebe, welche bereit ist in die
Kraft ihrer Liebe einzutauchen jeden, den nach ihr
ernstlich verlangt; er hat sich nicht zu dem gemacht,
was er ist, er ist selig in sich von Haus aus; er
ist nicht frei, er kann nicht dem Einen von seiner Kraft
geben und dem Andern sie vorenthalten, sondern wenn
Beide so wollen, wie es der Ernst der Liebe verlangt,
bann theilt Gott ihnen von seiner Liebe mit und kann
nicht anders; er hat nicht die Wahl, ob er sein will
oder nicht sein, ob er Liebe sein oder sie nicht sein will,
er ist, was er ist, und wird ewig so bleiben. So er-

kenne ich Gottes Wesen; und wie erkenne ich dagegen
meines? Ich bin ewig, aber zum Bewußtsein komme
ich erst in einem Leibe, wie der meinige ist; ich habe eine
bestimmte Natur, d. h. eine bestimmte Beschaffenheit,
gleichwie Gott eine solche hat, nur ist sie verschieden von
der göttlichen. Meine Beschaffenheit ist, daß ich so und
so denke, fühle und will, nach den und den Gesetzen;
daß ich mir ein Ziel meines Handelns setze, daß sich
drei solche Ziele mir vorstellen, sinnliche Annehmlichkeit,
Erkenntniß, Liebe zu den Menschen und von da aus zu
Gott; daß ich frei bin mich für eins dieser Ziele zu ent-
scheiden, ob zwar das der Liebe mir als das einzig wahre
stets erscheint, in klarer Einsicht oder im dunkeln Gefühl, im Triebe des Gewissens. Das ist meine Natur,
die ist mir nicht von etwas Anderem gegeben, die ist
einfach so, gleichwie Gottes Natur einfach da ist, nur
daß meine Beschaffenheit mir nicht bewußt wird, wenn
nicht meine Seele in einem Leibe erwacht zum Denken,
Fühlen und Wollen. Wird nicht, so sagte die Seele,
der Mensch so denken, sich vergleichen mit Gott und
sprechen: Was will Gott von mir? er hat seine Natur,
ich habe meine; er folgt seiner Natur, er muß es, er
hat nicht die Macht seine Natur zu ändern. Ich kann
das auch nicht, aber ich kann wählen; ich brauche mich
an Gott nicht zu kehren, ich kann die Erkenntniß oder
die sinnliche Annehmlichkeit erwählen, was gehet das
Gott an? er hat mich nicht gemacht, er ist nicht mein
Herr, was will er von mir?

Und die Seele schwieg, erschreckt über alles, was sie
gedacht hatte, daß es die Menschen still oder laut von
Gott und ihrem Verhältniß zu ihm würden sprechen

wollen. Gott aber antwortete der Seele und sprach: Wohl wird es Menschen geben, die solche Reden in ihrem Herzen führen und auf dem Markte ausrufen, um sich zu prahlen vor ihren Mitmenschen über ihre Klugheit und Kühnheit. Die laß reden! sie sind Thoren und werden Niemand verlocken denn Thoren, in denen von meiner Liebe noch nichts erblüht ist. Aber das bedenke, o Seele, daß auch bei den Lehren über Gott, welche jetzt unter euch herrschen, die Menschen gerade so reden können, gerade so, nicht dem Inhalte nach, aber dem Grundgedanken der Gesinnung nach. Wo wird sich ein Mensch blenden lassen, daß eure Weisen sagen statt: Gott ist einfach da und wirkt, „er ist Ursache seiner selbst und nothwendig?" für euch freilich ist er nothwendig, d. h. wie ihr einmal seid, kommt ihr zu Gott, und wenn ihr ihn gefunden habt, könnt ihr nicht umhin zu bekennen: Gott ist, für mich ist es nothwendig zu sagen, Gott ist. In anderem Sinne ist auch der Gott eurer Schöpfungslehre nicht nothwendig; er ist, weil er ist; gemacht von Etwas, aus Gründen, aus Bedingungen als unvermeidliches Ergebniß hervorgewachsen ist er nicht. Er hat sich auch nicht selbst gemacht; wie sollte er das thun? müßte er nicht erst gewesen sein als Gott, um sich selbst noch einmal hervorzubringen als Gott? Gott ist Ursache seiner selbst, heißt nichts anders als: Gott hat keine Ursache, er ist einfach da. Sollte da ein Mensch mehr brauchen als wenig Witz und etwas Kühnheit, um zu sprechen: Was thut ihr so groß mit Gott mir gegenüber und uns Menschen gegenüber? woher ist er? er hat sich nicht gemacht, es ist nicht sein Verdienst, daß er ist; er ist da und war da und wird da sein; das ist

alles; was ist das so Großes? Wäre er nicht so da, so
wäre er nicht Gott; wäre ich so da gewesen als Gott,
so wäre ich Gott und wäre gut und weise und mächtig.
Wenn es sich nun aber gefügt hätte und es wäre kein
Gott da, so wäre er eben nicht da, es könnte darob
Niemand klagen und sich beschweren. So gut aber ein
Gott einfach da sein muß von Ewigkeit ohne allen weiteren Grund und alle fernere Ursache, so konnte auch
eine Natur oder eine Welt von Dingen einfach da sein,
ohne weiteren Grund, ohne fernere Ursache. Aber, so
würde er fortfahren können, ich will euch euren Gott
zugeben, er soll von Ewigkeit her existiren und alle
Dinge sollen von ihm geschaffen sein. Was ist da
Großes? hat sich Gott seine Allmacht, seine Allweisheit,
seine Heiligkeit, seine Liebe selbst gegeben, hat er sie
nicht einfach vorgefunden in sich als seine bleibenden
Eigenschaften? hätte Gott nicht das Vermögen eine Welt
zu schaffen von Anfang an in sich gehabt, so hätte er
sie nie geschaffen, nie zu schaffen vermocht; wozu also
das Gepränge mit göttlicher Majestät, der Erhabenheit
seiner Allmacht, den Tiefen seiner Weisheit? Er hat
mich geschaffen, gut; er hat es gethan, weil er die Kraft
dazu hatte und den Willen; er kann mich tödten, gut;
er hat die Macht dazu; ich leugne es nicht. Aber was
ist da so Großes? ich kann auch thun, wozu ich die
Macht und den Willen habe; daß ich beides von einem
Anderen habe, warum soll mich das verbinden, mich vor
diesem Anderen in den Staub zu werfen und ihn als
meinen Herrn und Gebieter zu verehren, anzubeten und
zu lieben? Auch der Fels dort kann mich erschlagen;
Gott kann es jeden Augenblick; wohlan, er tödte mich,

er vernichte mich, er werfe mich in die Abgründe der
Hölle und peinige mich durch die furchtbarsten Diener
seines Zorns, — er kann nie machen, daß es nicht wahr
ist, wenn ich mein Haupt erhebe und ihm zurufe: was
bist du und was bin ich? ich bin ein Geschöpf, ein
Werk deiner Macht; aber deine Macht, was ist sie, als
eine Eigenschaft, die du dir nicht gegeben hast, die du
vorfandest, als du dich im Dasein fandest; und du fandest
dich im Dasein nicht durch dich, sondern ohne Grund,
ohne Ursache. Ja, verneine es in die Tiefen der Hölle
und widerlege es, wenn du kannst; du bist Gott, aber
du bist, was du bist, durch bloßen Zufall; es giebt keinen
Grund, keine Ursache, weßhalb du sein müßtest; du bist,
und damit ist alle Weisheit über dein Sein aus. Wohl
werfen sich die Geschöpfe vor dir in den Staub und
krümmen sich unter deiner gewaltigen Hand, und reden,
was du ihnen in den Mund legst — denn du hast sie
ja gemacht und gebildet — und thun, als wäre es die
höchste Weisheit, Gott zu erkennen; aber ich will aus
dem Dunkel der Nacht, in die du mich verstoßen hast,
ihnen ins Ohr schreien und in ihr feiges und erbärm-
liches Gemüth rufen: Euer Gott, den zu erkennen Weisheit, den anzubeten Seligkeit ist, er ist eine bloße Thatsache, ein Etwas, das einfach da ist; das ist seine Herrlichkeit, mit der ihr so groß thut, das ist sein Ruhm,
den ihr hoch über die Wolken erhebet. — Kann nicht
ein Mensch so sprechen, wenn er ausgehet von eurem
gewöhnlichen Begriff von mir, daß ich der allmächtige
Schöpfer sei? und was wolltet ihr darauf erwidern?
Wollt ihr schreien, das sei Gotteslästerung, jener Mensch
müsse gesteinigt und verbrannt werden und ewig von

Gott verflucht sein? Aber wird dadurch die Wahrheit
seiner Worte weggebracht, wird er nicht entgegnen: ich
nehme den Fluch der Menschen und Gottes auf mich,
aber wahr bleibt, was ich gesagt habe. Und haben nicht
die Menschen, selbst gute, häufig so gedacht? nicht in
ausführlichen Worten, aber in kurzen Empfindungen.
Haben nicht viele Unglückliche gewünscht, nie geboren zu
sein, haben sie nicht den Tag verflucht, an welchem sie
das Licht der Welt erblickt oder im Mutterschooß empfangen wurden, haben nicht viele Frommen es rund
herausgesprochen, das entsetzliche Wort: Gott hat die
einen Menschen zu Gefäßen seiner Herrlichkeit geschaffen,
die andern zu Gefäßen seines Zorns; ist es nicht ein
Sprüchwort bei vielen: Wer kann wider Gott und seine
Natur? Alle diese Gedanken gehen zurück auf den einen:
daß Gott macht, was er will, weil er will oder weil
seine Natur ist so zu wollen. Und wenn eure Weisen
sich bemüht haben, Gott als das höchste Gut, die Weisheit und die Liebe darzustellen, so waren sie auf der
rechten Spur, aber dieser Begriff der Liebe streitet damit,
daß Gott Schöpfer sei, und führet weg zu dem wahren
Begriff von Gott. Aber in beiden Fällen ist Gott, was
er ist, nicht geworden, nicht sich machend, sondern einfach
und durchaus vorhanden von aller Ewigkeit, eine ewige
Thatsache. Und so stehet es bei eurem gewöhnlichen und
falschen Begriff von mir nicht anders in dieser Hinsicht,
wie bei dem euch neuen, aber ewig wahren Begriff, daß
ich bin die bewußte und starke Liebe, die eurer Liebe zu
Hilfe kommt in ihrer Schwachheit, daß ihr stark werdet
in mir und mir ewig angeeignet.

Funfzehntes Kapitel.

Gott belehret die Seele über das wahre Verhältniß des Menschen zu Gott, über die Gleichheit und Ungleichheit beider, über die Macht des Menschen gegenüber von Gott, über Gottes selige Unfreiheit und des Menschen selige Freiheit.

Darum antworte du, o Seele, frank und frei Jedem, der solche Reden führen will, wie du sie oben gefürchtet hast, also: du hast ganz Recht. Gott ist eine ewige Thatsache und du, o Menschenseele, bist auch eine ewige Thatsache. Darin bist du Gott gleich. Aber es handelt sich nicht darum, sondern um ein ganz Anderes, nämlich um die Beschaffenheit Gottes und um deine. Darin seid ihr ungleich; Gott ist, was er ist, du, o Seele, hast Anlage zu vielem, du kannst vielerlei werden. So lange du nicht im menschlichen Leibe bist, bist du so gut wie todt, du fühlst nicht, denkst nicht, willst nicht. Im Leibe wirst du durch diesen und durch die Dinge, welche auf ihn wirken, erregt zum Fühlen, Denken, Wollen; und zu dieser deiner gegebenen, daseienden Natur gehört es, daß du wählen kannst zwischen verschiedenen Zielen deines Lebens. Zwei davon geben dir kein Genüge, das dritte, das ist dein wahres Gut, mit welchem du jeden Moment deines Daseins ausfüllen und ihm Klarheit und Friede zu geben vermagst. Aber du findest, daß du dies nicht durch deine Kraft allein kannst, daß die anderen Menschen darin sind, wie du, und es gehöret zu deiner Beschaffenheit, daß du dich sehnen kannst nach einer Hilfe, einer

Hilfe, welche deine Schwachheit stützt und dich kräftig machet zu dem, was in dir selbst nie über Wunsch und geringen Versuch hinauskäme; und wenn du dich an Gott, der diese Hilfe ist, wendest, ernstlich wendest und mit Aufgebot aller Entschiedenheit, so wird deine schwache Kraft stark und du erlangest Fertigkeit und beständigen Muth zum Guten im Dienste deiner Brüder. Du hast ganz Recht, du kannst hier allerlei klügelnde Reden führen; du kannst fragen, wenn Gott nun nicht wäre, was dann? Darauf aber ist die Antwort leicht: wäre Gott nicht, so wärest du ohne Hoffnung den sehnlichsten deiner Wünsche zu erfüllen, du könntest schmachten nach dem sittlich Guten, du könntest wankende Schritte nach demselben hin machen, aber deine Sehnsucht bliebe ungestillt, deine Kniee würden nicht stark zu laufen die Bahnen, in welchen uns jetzt sein heiliger Geist sicher führet; du würdest sein, wie du jetzt bist und bleibest, wenn du ohne Gott bist. Es würde sich sonst nichts ändern; denn Gottes, des wahren Gottes, Dasein hängt nicht an dem Dasein der Welt und das Dasein der Welt nicht am Dasein Gottes, sondern beide sind einfach und durchaus da, ohne ein anderes Band als das, welches sich thatsächlich findet. Gott ist nicht da, weil du seinen Gedanken fassest, und den Wunsch, er wäre, zu erzeugen vermagst. Du könntest Gott erfinden, wenn er nicht wäre, du aber wärest, wie du bist, aber du vermöchtest ihn nicht zu finden, falls er nicht wäre. Daß du ihn auch zu finden vermagst, das erst beweiset dir, daß er ist, wirklich ist, wiewohl du ihn nicht siehest mit den Augen, nicht hörst mit dem Ohr, mit keinem deiner Sinne ihn wahrnimmst. Und wenn ein solcher Mensch

erwiderte: Ja, aber dann bin ich Gott nichts schuldig;
er hat mich nicht geschaffen, er hat keinen Anspruch auf
mich, — so gieb ihm das zu, o Seele, und sprich:
Freilich, dafür, daß du bist, lebst und so und so geartet
bist, die und die Eigenschaften hast, dafür bist du Gott
nichts schuldig, gar nichts. Er erhebt keinen Anspruch
auf dich, er bedarf auch deiner nicht, weder zu seinem
Sein noch zu seiner Seligkeit, aber wohl bedarfst du
seiner, nicht zwar zu deinem natürlichen Dasein, aber
zur Kräftigkeit deines sittlichen, deines seligen Daseins.
Du sollst Ansprüche auf Gott machen, nicht macht er sie
auf dich; du sollst dich an ihn wenden, damit er zu dir
komme und du ruhen magst im Schatten seiner Flügel.
Du bist und kannst leben ohne Gott; zum natürlichen
Dasein brauchst du ihn nicht; aber wenn du das er-
wählst, was dir allein Halt im Leben und bleibende
Befriedigung giebt, dann bedarfst du seiner; dann mußt
du zu ihm rufen Tag und Nacht; dann hilft kein Trotz,
kein übermüthiges Sicherheben, du bist auf Gott ange-
wiesen als den einzigen Helfer und Tröster in deines
Herzens Aengsten und Nöthen. Und da giebt es keinen
anderen Weg als den der Demuth, die erkennet, daß sie
nichts aus sich vermag, sondern in allem auf Gott gewiesen ist. Und zur Demuth kommet die Liebe, welche
sich hänget an Gott als den großen Quell der Liebe,
aus welchem wir Kraft und Stärke der Liebe schöpfen.
Da sprichst du: Herr wenn du nicht wärest, so wäre ich
ein elender Wurm und ein Nichts; ich hätte keine Freude
und keinen Frieden in dieser Welt. Herr, wenn ich dich
nur habe, so frage ich nichts nach Himmel und Erde,
und ohne dich, was wäre mir alle Herrlichkeit der Welt.

Da bekennest du: du sollst Gott dienen und ihn anbeten, und sprichst: ich will dem Herrn dienen mein Lebenlang und seinen Namen preisen immer und ewiglich.

· Und die Seele sprach: Herr, Herr, vergieb mir, daß ich noch mehr rede. Wird nicht der Mensch sich über- heben und sagen: Nicht mehr Gott hat über mich Gewalt nach der neuen Lehre, wohl aber ich über Gott. Gott kann mich nicht zwingen zu sich und seiner Liebe, aber ich vermag ihn zu nöthigen, mir seinen Beistand zu geben; denn wenn ich die Menschenliebe mir erwähle, die thätige und ernstliche, und verlange nach Gottes Beistand, tief und stark, dann kann er sich mir nicht verweigern, dann ziehe ich ihn an mich, er darf mir nicht widerstehen. Nicht bin ich abhängig von seiner Gnade und seinem freien Willen, ob er mir helfen mag, sondern wenn ich mich ihm öffne, so kann er nicht anders als einziehen in mein Herz und daselbst wohnen. So bin ich Gottes mächtig, nicht aber ist er umgekehrt meiner mächtig; ich habe Macht mich zu Gott hinzuwenden und habe Macht mich von Gott abzuwenden; aber er hat nicht Macht sich zu mir hinzukehren und von mir abzu- kehren, sondern er ist ewiglich dem Menschen zugekehrt; wer ihn sucht, der findet ihn, wer ihn aber nicht sucht, der findet ihn auch nicht.

Und Gott der Herr antwortete der Seele und sprach: Was ist es, daß dich solche Rede verwundert? ist es nicht bei euch eine geläufige Rede, daß, wer anklopft bei Gott, dem aufgethan wird; ist es nicht unter euch, wenn ihr eure Brüder liebet, also, daß ihr dem, der eure Theilnahme hervorruft, sie nicht verweigern dürft und könnt? ist es nicht Liebe Gottes, die es in sich trägt,

Niemanden zu zwingen, sondern blos zu ziehen mit
sanftem Zuge, sich nicht aufzubrängen, aber stets milde
anzubieten? ist es nicht Liebe, Fülle der Liebe, welche
jedem, der kommt und ihrer bedarf, giebt, je nach der
Wahrheit und dem Ernst seiner Bedürftigkeit. Ihr seid
so stolz auf eure Freiheit. Laut sei es verkündet und
alle Welt lerne es und staune darob und gehe in sich
und unterscheide von nun an: Nein, Gott ist nicht frei;
er ist, was er ist, ganz und gar, durchaus und unwandelbar. Er ist Liebe, Liebe, welche sich mittheilt
Jedem, der ernstlich und entschieden bei ihr bitten geht.
Gott kann nicht widerstehen, er will nicht widerstehen.
Eure Liebe, eure menschliche, kann ihm ähnlich werden
hierin durch Einigung mit ihm, mit seiner Kraft. Das
ist das Höchste des Menschen, wenn aller Kampf der
Begierden aufgehört hat, wenn all sein Thun und Denken nichts ist als Liebe üben gegen die Menschen in
Kraft der Liebe Gottes, wenn dies Thun und Denken
ihm so selbstverständlich ist, wie das Athmen es ist, so
lange er leiblich lebt, und ihm so leicht fällt als Hunger
und Durst zu stillen. Solche Höhe ist selten unter den
Menschen und wenige bringen zu ihr hindurch und sie
ist nicht ohne den stillen und fortwährenden Entschluß,
Gott und die Menschen zu lieben und zu ihrem Dienste
alle seine Tage einzurichten. Gewöhnlich habt ihr Menschen viel mühsamer zu kämpfen mit euren Begierden;
habt ihr eine unterjocht, so erwacht eine andere, die
Hälfte und drei Viertel eurer Kraft wird aufgezehrt
nicht im Thun der Liebe, sondern im Ueberwinden der
Neigungen, welche streiten mit der Liebe des Nächsten.
Haltet eure Freiheit hoch; nicht Freiheit an sich ist das

Höchste, aber für euch, wie ihr seid, ist sie ein Höchstes;
denn durch sie vermöget ihr zu wählen zwischen einem
Leben in der Welt ohne Gott und einem Leben in der
Welt mit Gott, durch sie vermögt ihr euch loszureißen
von den Banden des Todes und der Verzweiflung und
euch aufzuschwingen in ein Reich des Friedens eurer Seele.
Laß dich nicht irren durch die Wendungen, welche die
Menschen der Wahrheit zu geben im Stande sind: so
frei der Mensch ist, so ist diese seine Freiheit nicht ein
Vorzug, der ihn über Gott erhebet. Bei solcher Meinung
schwebt auch stets der alte Wahn vor, daß alles Mög=
liche, alles, was irgendwie in des Menschen Denken vor=
gestellt werden kann, auch in Gott sein müsse als dem
vollkommensten Wesen. Gott ist kein vollkommenstes
Wesen in diesem eurem Sinne; Gott ist die Liebe, das
ist die wahre Vollkommenheit, welche er ganz und durch=
aus ist. Eure Freiheit ist eine Vollkommenheit in eurer
Unvollkommenheit, nicht aber eine Vollkommenheit an sich.
Wie oft habt ihr nicht die Steine, Pflanzen und Thiere
glücklich gepriesen, welche ihren Gesetzen folgten, ohne
daß sie links oder rechts davon abzuweichen vermöchten,
welche dahin gehen tabellos und vorwurfsfrei in allem,
was sie sind und was ihnen widerfährt. Wie oft haben
nicht eure Weisen gegen die Freiheit in euch gestritten,
weil sie lieber von der Hand des allmächtigen Gottes
mochten geleitet sein als von einer eigenen flatterhaften
und leeren Freiheit. Beides braucht ihr nicht zu thun.
Eure Freiheit, die ist, wie ihr seid, euer Gut; sie ist
auch nicht leer, sie führet hin zur Fülle der Gnade
Gottes. Aber was euer Gut ist, ist darum nicht das
höchste Gut. Euer höchstes Gut aber ist, durch eure

Freiheit zu Gott zu kommen und in der göttlichen Liebe im Dienste der Menschen eure Freiheit zu verlernen, sie völlig zu verlieren, indem ihr unerschütterlich eingesenkt werdet in die Liebe, welche nicht los läßt und die ihr nicht losläßt. Wer sich seiner Freiheit rühmen will gegen Gott, der thue es, aber er wisse, er rühmet sich damit der Macht des Todes und der Schwäche, nicht der Macht des Lebens und der Kraft; er stehet durch seine Freiheit nicht über Gott, sondern unter ihm, dem Born der ewigen Liebe.

Und die Seele sprach: Herr mein Gott, tröstlich sind deine Sprüche, ich will sie bewahren in einem treuen und fleißigen Herzen; daß ich sie mittheilen kann meinen Brüdern, von denen auch viele Verlangen tragen nach Klarheit und Gewißheit in göttlichen Dingen. —

Sechzehntes Kapitel.

Die Seele betrachtet noch genauer die falschen Ziele der Annehmlichkeit, der Erkenntniß, und wie sie sich vermischen bei den Menschen mit Etwas von der Liebe.

Und der Herr schwieg und redete für dies Mal nicht weiter zur Seele, und die Seele überdachte alle Worte, die Gott zu ihr geredet hatte, und sie sann nach über sie. Und in diesem Sinnen kam ihr der Gedanke, daß die Menschen es ganz anders machten, als Gott fordere, und daß sie meinen, es mit dem, wie sie es treiben, noch besser zu machen. Gott fordert, daß man leben soll,

um zu lieben, d. h. um thätiges Wohlwollen und ernst-
liches Wohlthun gegen unsere Mitmenschen zu üben, daß
alles, was wir thun und lassen, soll geregelt sein von
dem Gedanken: handelst und bist du so, wie du mußt,
damit die Menschheit leiblich, geistig und sittlich erhalten
und gefördet werde. Was wir für uns thun, das soll
blos gethan werden, damit wir tüchtig sind zum Dienste
Anderer. Die Menschen machen es anders; die ver-
einigen die drei Ziele der Menschheit; die machen aus
der sinnlichen Annehmlichkeit, der Erkenntniß und der
thätigen Liebe ein Gemisch, und so dienen sie, wie sie
glauben, Gott zugleich und der Welt. Und die Seele
bedachte, wie die Menschen sich da täuschen, und wie sie
sich selbst zum Mittelpunkt der Welt machen, Gott dienen,
damit er sie behüte, nicht im Geist, sondern im Fleisch,
und die Menschen lieben, damit sie wieder von ihnen
geliebt werden. Und weiter gedachte die Seele der
Menschen, welche da meinen, Gottes entbehren zu können
in ihrem Thun, und sie sah, wie diese nicht zur Liebe
durchdringen, weil sie Gottes entbehren, und von Gott
nichts wissen, weil sie die Liebe falsch und verkehrt verstehen
und einen Bund machen zwischen sinnlicher Annehmlichkeit und der Freude der Erkenntniß einerseits und der
Liebe zu den Menschen andererseits. Aber in Wahrheit soll der Mensch sich lieben, weil er andere liebt und
lieben will, er soll sich in Gesundheit erhalten, damit er
Anderen dienen und für sie wirken kann; die Liebe zu
den Mitmenschen ist das Erste, alle Selbstliebe, alle
sittliche, ist das zweite und ist gegründet auf die Liebe
zu den Mitmenschen. So spricht und handelt die Liebe,
welche das Herz befriedigt und zu Gott führt. Aber die

Menschen reden anders. Sie gehen aus von ihrer Selbstliebe und sagen: jeder liebt sich selbst am meisten, er
kann aber einsehen, daß er am besten für sich sorgt, wenn
er nicht blos sich, sondern auch andere liebt, unter der
Bedingung, daß diese ihn wieder lieben; denn so findet
er Theilnahme und Fürsorge bei Anderen, weil Andere
Theilnahme und Fürsorge für sich von ihm erhalten und
erwarten. Auf diese Weise wird der Mensch die größtmögliche Annehmlichkeit auf Erden erlangen, und was
will er mehr? Die Seele war nicht erfreut über diese
Gedanken der Menschen und sie sprach bei sich selbst:
was ist die größtmögliche Annehmlichkeit des Lebens,
welche so heraus kommt? Die Menschen haben das
Gefühl, daß sie für sich allein solche Annehmlichkeit nicht
groß verschaffen können; so kommen sie auf den Gedanken,
sie mit andern zusammen sich gegenseitig zu verschaffen.
Aber dadurch wird die Annehmlichkeit nicht anders, als
sie stets war. Die sinnliche Annehmlichkeit des Daseins
ist und bleibt gering und leidig, sie nutzet sich rasch ab
und langweilt den Menschen, er seufzt, daß der Frühling
immer grüne Wiesen und blühende Blumen bringe und
möchte zur Abwechselung eine Verkehrung haben in der
Ordnung der Natur; und die sinnliche Unannehmlichkeit
des Lebens, überwiegt sie nicht stets über die Annehmlichkeit? Doch die Menschen fühlen sich nicht selten in
jener Lebensweise der gegenseitigen Hilfe zur sinnlichen
Annehmlichkeit erträglich glücklich, aber sie wissen nicht,
warum? Dieses ihr Glück stammet nicht aus der sinnlichen Annehmlichkeit, weil es aus ihr nicht stammen
kann, sondern das Glück kommt daher, daß sie in jener
Handlungsweise Liebe gegen einander üben, daß sie so

viel besser sind als ihre nächste Denkweise, indem sie in
dieser Liebe über das Nächste und Nothwendige gegenseitig hinaus gehen. Das merken sie nicht und klagen,
daß auch so nur ein erträglicher Zustand heraus kommt,
kein befriedigender. Darum lernet, ihr Menschen, euer
wahres Heil erkennen, nicht halbe Liebe, sondern ganze
und volle giebt euch Ruhe, Ruhe nicht der trägen Be-
haglichkeit, sondern Ruhe in unermüdlichem Wirken und
Schaffen, und sie führet euch zu Gott, in dem ihr die
vollkommene Liebe erlanget. — Und die Seele gedachte
weiter, wie die Freunde der sinnlichen Annehmlichkeit
aller Tugenden fähig zu sein behaupten nach ihrer Lehre;
denn nicht die gegenwärtige und augenblickliche Lust
müsse man suchen, sondern die dauernde und bleibende,
welche die Fähigkeit weiter zu genießen erhalte und mehre,
die Gesundheit, Kräftigkeit und Frische des sinnlichen
Lebens sichere. Und die Seele lachte ob solcher Klugheit.
Denn wenn sie selbst zum Ziele führte, so ist dies Ziel,
die sinnliche Annehmlichkeit, für jeden, welcher denken
kann, als unerreichbar zu erkennen, und nicht lebens-
werth wäre das Leben, wenn sinnliche Annehmlichkeit das
Einzige wäre, was uns darin winkte. Und die Seele
gedachte weiter, ob solche Klugheit wohl helfe gegen
starke Begierden, welche ganz und voll wollen befriedigt
sein, wenn man ihnen sich hingiebt, welche wachsen in
der Befriedigung und wie verzehrende Flammen über
dem Haupte dessen zusammenschlagen, der sie entzündet in
sich. Und sie gedachte, ob nicht jeder, welcher der sinnlichen Annehmlichkeit frank und frei ergeben wäre und
in dem kein anderes Gefühl mehr mitwirkte, ohne daß
er es bemerkte, ob ein solcher nicht rücksichtslos allen

Evangelium d. a. Seele.   6

Genüssen sich überlassen würde, zu benen die Jahre und die Gelegenheit ihn einladen. Wird er nicht denken: was ich genossen habe, ist mein, und wer weiß, ob die Zukunft mir gehört und mir gleiche Gunst anbietet; wer weiß, ob ich nicht morgen sterben werde, und da ist es gar aus mit aller sinnlichen Annehmlichkeit; dann habe ich vom Leben nichts gehabt, denn ich habe nicht die Hauptgenüsse des Lebens gekostet, welche nach meiner Wahl den Werth des Daseins allein ausmachen. Ein solcher müßte beständig in der Stimmung sein, in der nach den Erzählungen der Geschichte viele Menschen erfunden wurden, als Pest und sicherer Tod ihnen drohte; da wurden sie genau in ihrem Denken und es offenbarte sich ihre geheime Sinnesweise; sie ließen Verwandte und Freunde hilflos liegen und trostlos sterben und stürzten sich über die letzten Mittel des Genusses und sprachen: lasset uns uns ergötzen, denn morgen sind wir todt. So müßten jene Menschen sein, welche die sinnliche Annehmlichkeit sich zum Ziele erwählen, wenn sie streng ihren Gedanken faßten und ausführten. So aber mischen sich in gewöhnlichen Zeiten noch viele andere und bessere Gefühle mit unter jene, aber sie wissen es nicht, und nur in harten Proben, wo der Mensch, wie er innerlich sich gemacht hat, plötzlich durchbricht, da erkennt man ihre wahre Natur, da lernen sie selbst sich erst ganz kennen. — Und die Seele dachte weiter: ziehet nicht heutzutage eine neue Denkweise durch die Welt, über das Erkennen als letztes Ziel des Menschen? Und sie besann sich und siehe, da fand sie die Sache also. Viele reden jetzt und sagen: „Das Eigenthümliche des Menschen ist das Erkennen, und seine Erkenntniß hat Sinn und

Wahrheit, wo sie sich der Natur und dem, was ihrer genauen Erforschung dienet, zuwendet; da lernet der Mensch die Gesetze der Ereignisse und die Gattungen der Dinge kennen. An dieser Erkenntniß hat er seine Freude, und er fragt nicht, ob sie immer sofort nützet und dem Erwerb und Genuß der Menschen dienet. Die bloße Erkenntniß machet seinen Lohn aus, das Forschen und Suchen, selbst wo des Findens noch wenig ist. An solcher Freude der Erkenntniß sollten alle Menschen Theil haben, sie ist das Eigenthümliche des Menschen; und darum muß man suchen, die Erkenntniß zu verbreiten, ihre sicheren Fünde leichtverständlich und faßlich zu machen und allen zugänglich. Aber das ist noch nicht genug; man muß mehr thun; man muß daran arbeiten, daß alle Menschen dazu kommen können, an dem Werk des Erkennens selbst mehr oder weniger thätig sich zu betheiligen. Dazu muß man die harte Arbeit mit Hand, mit Fuß, mit Muskeln zu vermindern suchen; Maschinen müssen dem Menschen nach und nach diese Anstrengungen mehr und mehr abnehmen, damit Zeit und Muße bleibt für Aufnahme der Erkenntniß und für selbstthätiges Erkennen. Und damit solches erreicht werde, müssen die Menschen geordnete Staaten bilden, welche den Einzelnen und seine Arbeit schützen und allen Aufforderung werden zur Mitwirkung am gemeinsamen Werk. Und diese Staaten müssen frei sein; denn das Erkennen gedeiht blos, wo es seinen eigenen Wegen unbekümmert und rücksichtslos folgen kann, und wie sollte die Wahrheit je Schaden bringen. Aus solchen Bemühungen erwächst die wahre menschliche Gesittung; wo Künste und Wissenschaften blühen, da wird der Rohheit wuchernd Unkraut verdrängt. In diese Civili-

sation sollen nach und nach alle Völker der Erde gezogen
werden; das ist das Ideal, das hohe, aber nicht unerreichbare Ziel der reinen Humanität; da wird Wahrheit
die Erde überdecken wie die Wogen das Meer; es wird
Friede sein und Wetteifer der Arbeit im Dienste der Erkenntniß überall; in der Wahrheit werden alle Menschen
vereinigt sein zum schönen Bund der Menschheit."

Siebenzehntes Kapitel.

Die Seele betrachtet insbesondere die Lehre, daß die Erkenntniß des Menschen höchstes Ziel sei, und daß Erkenntniß den Menschen besser mache.

Und die Seele sah, wie lockend und reizend dies
Thun und sein Ziel sich anhöret, aber sie erkannte sofort,
daß das auf einer großen Täuschung beruht, welche die
Menschen sich selbst und Anderen bereiten. Denn mit
dem Erkennen ist es nicht anders, als wie mit der sinnlichen Annehmlichkeit des Lebens; wer nichts hat, als
dieses, dem ist das Leben nicht werth, daß er es lebe;
denn wie jene spricht: ich empfinde und empfinde wieder
und so immer fort, bis das Empfinden gar aus ist, so
muß die Erkenntniß sprechen: ich erkenne und erkenne
wieder und so fort, bis das Erkennen aus ist; und das
ist alles. Und wenn ich selbst mit meinem Erkennen alles
durchdränge, alle Tiefen der Welt und meiner Seele und
Gottes, was hätte ich? ich erkennte, daß das und das
so ist und so war und so sein wird; nicht das Erkennen

könnte mich erheben und befriedigen, sondern wenn ich
etwas im Erkennen fände, welches von solcher Beschaffenheit wäre, daß ich in ihm Ruhe und Genüge erlangte, das
wäre ein Ziel, werth meines Strebens. Aber das Erkennen durchdringet nicht alles; je größer es ist in einem
menschlichen Geiste, desto mehr ist dieser erfüllt von der
überschwänglichen Menge seiner Unwissenheit, und so
kommt der, welcher Wissen sucht, je weiter er bringt,
desto mehr nicht in Freude, sondern in Trauer oder gar,
wie es vielen begegnet ist, in Verzweiflung. In dieser
Verzweiflung fangen viele an zu hoffen auf ein späteres
Leben, wo ihnen alles noch Dunkle sich erhellen, alles
Geheimniß offenbar werden soll; aber selbst wenn in
einem weiteren Dasein das Erkennen noch stattfände,
Genüge würde die Seele in ihm nicht finden durch das
Erkennen, wenn nicht das Erkannte so wäre, daß es
ihrem Sein Halt und Werth vor ihm selber verleihen
könnte. Andere haben sich so geholfen, daß sie sagen:
wir erkennen noch nicht die volle Wahrheit, wir arbeiten
blos an der allmählichen Erkenntniß derselben, diese
werden in ferner Zukunft erst die letzten Ausläufer
unseres Geschlechts erreichen. So ist ihnen die Erkenntniß höchstes Ziel, aber sie sind zufrieden, wenn sie die
volle Erkenntniß blos aus der Ferne ahnend begrüßen
dürfen. Aber die Erkenntniß ist kein höchstes Ziel durch
sich, das bloße Erkennen der Dinge, wie sie sind, würde
unser Herz nicht befriedigen, wenn nicht das, was erkannt wird, durch seine Beschaffenheit uns diese Genüge
gäbe. Blos Erkennen ist nicht anders als blos Empfinden; bloßes Empfinden wäre eine müssige, leere,
schale Beschäftigung, wenn es nicht den Reiz der Freude

und Luſt für den Empfindenden hätte oder in den Dienſt
eines höheren Ziels genommen wird. Solch ein höheres
Ziel iſt die thätige Liebe gegen unſere Mitmenſchen.
Dieſe wollen die Freunde der Erkenntniß nicht als das
einzig Wahre und Gute angeſehen wiſſen; aber was
haben ſie Großes an der Erkenntniß? Sie loben die
Freude derſelben, ihre reine Luſt. Sie täuſchen ſich; die
Freude der Erkenntniß iſt keine andere, als die jeder
anderen Thätigkeit, welche gelingt. Was uns leicht wird
und mit Erfolg von Statten geht, das freut uns; darum
hat die Erkenntniß ihre frohen Stunden und Tage, ſie
hat aber auch ihre trüben und düſteren, wo wir Licht
ſuchen und mit allem Suchen im Finſtern bleiben und
wo uns dichte Finſterniß ſich zeigt da, wo wir Licht
glaubten. Aber die Freunde der Erkenntniß ſagen auch:
Erkenntniß mache den Menſchen beſſer und bewahre ihn
vor üblen, ihm ſelbſt und anderen ſchädlichen Leidenſchaften. Darin täuſchen ſie ſich noch mehr. Erkenntniß
machet den Menſchen nicht beſſer als jede andere Thätigkeit; ſie kann blos dadurch hülfreich ſein für gute Sitten,
daß der im Erkennen Geübte leichter ſich die Folgen
eines Thuns vergegenwärtigt, aber dafür hat er auch
wieder die größere Kenntniß von den Gelegenheiten,
ſeinen Leidenſchaften zu fröhnen, und den Mitteln, ſich
der üblen Folgen derſelben zu erwehren. Er wird ge-
wandter in ſeinen Gedanken, gewählter in Worten ſein,
aber wenn nichts anderes in ihm iſt als Erkenntniß, ſo
wird er ſeine Triebe und Leidenſchaften blos äſthetiſcher
geſtalten und mit einer gewiſſen Schönheit und Anmuth
umkleiden, welche dem Ungebildeten fehlt und ſo deſſen
ſinnliches Daſein roher erſcheinen läßt. Aber, werden

die Freunde der Erkenntniß sagen, solche Leute meinen
wir nicht, welchen die Ekenntniß blos ein Mittel mehr
ist, das Ziel der sinnlichen Annehmlichkeit zu erreichen,
das sie sich gesteckt haben; wir meinen, der Mensch soll
die Erkenntniß als Erkenntniß sich zur Aufgabe setzen,
vor dieser werden alle rohen Leidenschaften hinschwinden;
denn sie mindern und schwächen die Erkenntnißkraft,
stören die Ruhe, welche ein der Wahrheit geweihtes
Leben verlangt, hindern die friedliche Gemeinschaft der
Menschheit, ohne welche ein Fortschritt der Wissenschaften
nicht statthaben kann. Was soll ich diesen erwidern,
dachte die Seele; und sie merkte bald, diese haben sich
überredet, die Erkenntniß als bloße Erkenntniß sei das
höchste Ziel der Menschheit, aber davon werden sie die
Menschheit nie überzeugen, weil es nicht wahr ist, daß
das bloße Erkennen einen Werth für sich hat, so wenig
als das bloße Empfinden. Daher reden sie selbst meist
doch wieder von der reinen Freude der Erkenntniß, von
dem Glück des wissenschaftlichen Forschens und Findens.
Und so gehen sie zurück auf die Freude und die Lust,
nur daß es nicht die Lust der Sinne, sondern die Lust
des denkenden Geistes ist, was sie preisen. Aber diese
Lust ist nichts, worin der menschliche Geist Genüge
fände, sie ist ein leerer Wahn; am Ende der Erkenntniß,
wenn sie völlig erreicht wäre, würde der Mensch dastehen
und sich sagen: was hast du an all diesem Erkennen als
Erkennen? Du hast dich gemüht und geplagt ohne Ziel
und Sinn; denn blos zu wissen, wie die Welt ist, ist
ein leeres Treiben, wenn nicht die Beschaffenheit der
erkannten Welt Genüge giebt. Ja, diese Leute betrügen
sich selbst, sie sind gar nicht anders als die, welche die

sinnliche Annehmlichkeit sich zum Ziele setzen. Ihnen ist
nach ihrer besonderen Anlage das Erkennen eine hohe
Lust und so erwählen sie sich dasselbe zum höchsten Ziel;
dem Erkennen, weil es ihnen Lust gewährt, weihen sie
sich mit ganzer Kraft, dadurch treten die sinnlichen Begierden, wie Habsucht, Wollust, selbst Ehrgeiz zurück;
diese waren von Haus aus nicht stark in ihnen und
dadurch, daß sie sich dem Erkennen mit Entschiedenheit
zuwenden, wird ihre Macht noch mehr gebrochen; so
glauben sie, am Erkennen als Erkennen liege es, daß
sie den Leidenschaften der sinnlichen Annehmlichkeit weniger
zugänglich sind als andere, aber darin betrügen sie sich.
Sie haben ihre vorherrschende Leidenschaft in der Lust
der Erkenntniß, diese Leidenschaft als herrschende schwächt
die anderen Triebe; es ist nicht anders als wie sonst
auch eine starke Leidenschaft meist bewirkt, daß andere
Leidenschaften weniger Herrschaft haben. Ein Gewinn-
gieriger wird nicht leicht faul und träge sein, nicht der
Wollust ergeben, selbst Beleidigungen wird er weniger
schwer nehmen, wenn er nur seinen Erwerb vergrößert;
ein Wollüstiger ist nicht leicht habsüchtig, er wird leicht
frei sein von der Sucht, eine Rolle in der Welt zu
spielen um jeden Preis; der Ehrgeizige giebt vielleicht
seinen Besitz hin, ist freigebig, erwirbt blos, um groß-
artig mitzutheilen, er wird selbst von der Wollust sich
nicht leicht in Fesseln schlagen lassen, wenn sie ihn von
der Anerkennung seiner Mitbürger ausschließt; alles um
seines Ehrgeizes willen, aus keinem sittlichen Grunde.
So ist es auch bei denen, in welchen die Lust der Erkenntniß von Natur groß ist; sie erfassen sie mit glühen-
der Leidenschaft und von ihrer Gluth werden die Leiden-

schaften des sinnlichen Triebes mehr aufgezehrt. Daher
die Lehre unter den Menschen, daß eine Leidenschaft blos
überwunden werde durch eine größere und stärkere Leidenschaft; welches wörtlich wahr ist für alle, welche dem
sinnlichen Triebe oder dem Trieb der Erkenntniß allein
folgen. Daher hilft auch alle Erkenntniß da nichts, wo
neben dem Erkenntnißtrieb die sinnlichen Triebe sehr
heftig sind von Haus aus oder es geworden sind durch
Aufnahme schlechter Einflüsse aus der Umgebung; daher
die Bekenntnisse: ich bin nun einmal so, ich kann eher
eine Ungerechtigkeit begehen als Unordnung leiden, d. h.
mein ästhetischer Trieb ist das Erste und Höchste für
mich, und das andere: der bessere Theil in uns ist der
Verstand, d. h. Erkenntniß machet den Menschen gut;
was nicht wahr ist. Erkenntniß, wo sie die vorwiegende
Leidenschaft ist, dränget die andern Leidenschaften zurück;
dadurch wird der Mensch besser erscheinen als andere,
an sich aber folgt er ebenso sehr blos seiner Leidenschaft
wie der, welcher seiner Wollust, seinem Ehrgeiz, seiner
Habsucht nachgeht und dadurch manche Eigenschaft in sich
entwickelt, welche der Tugend täuschend ähnlich sieht.
Lasse niemand sich irren; die Erkenntniß als Erkenntniß
machet keinen Menschen gut. Die Freunde der Erkenntniß täuschen sich noch dadurch, daß sie, ohne es zu wissen,
die Liebe in die Erkenntniß aufnehmen. Sie wollen bei
aller ihrer Erkenntniß zunächst die Wahrheit, aber sie
wollen zugleich auch anderen Menschen behilflich werden,
daß sie die gleiche Wahrheit erkennen können, und sie
wollen ihre Erkenntniß in den Dienst der Mitmenschen
stellen, damit deren Loos der Art werde, daß auch ihnen
allen Zeit und Kraft bleibt, sich dem Erkennen mit zu

widmen. So verflechten sie die Liebe in ihr Ziel der
Wahrheit, und das giebt ihnen die Wärme und Begeisterung ihres Thuns. Aber sie dürften nicht die Erkenntniß zum Ersten machen und die Liebe zum Zweiten;
denn durch die Erkenntniß werden sie keinem Menschen
Genüge verschaffen und sich selbst nicht, sobald sie über
das Erkennen und seine Lust nachdenken.

Achtzehntes Kapitel.

Von der Liebe und dem Geist im ächten Sinne des Wortes als dem Eigenthümlichen des Menschen. Von dem Unterschied von Mög- lichkeit und Wirklichkeit in Bezug auf das Sein Gottes, der Welt und des Menschen. —

Liebe zu üben, das ist das Einzige, was dem Menschen volle und ganze Genüge giebt, und das menschliche
Herz ist unruhig, bis daß es Ruhe findet in ihr. Ihre
Rede ist: ich lebe und will leben und will mein Leben
erhalten und seine Kräfte stärken, damit ich für Andere
leben kann. In der Kindheit will ich zur Freude und
zum Wohlgefallen meiner Eltern leben, in der Jugend
das hohe Ziel bewußt ergreifen, daß der Mensch wahrhaft lebt blos, wenn er für Andere lebt; da will ich
mich leiblich und geistig ausbilden, damit ich zu diesem
Thun tüchtig werde, und da schon und weiterhin will ich
von allem mich fern halten, was, gethan und geredet,
das Wohl, das leibliche, geistige und sittliche, anderer

Menschen untergräbt, oder auch nur von weitem schädigt, und will die Verbesserung der Welt von mir anfangen, nicht mit ihr warten, bis auch andere sich ihr anschließen. Als Mann will ich in meinem Beruf, in meiner Familie als Gatte und Vater, in meiner Gemeinde und im Staat als Bürger, in der Menschheit als ein Glied neben anderen, die ebenso Menschen sind wie ich, alles thun, so wie es entspricht der Liebe gegen die Menschen als dem einzigen Gut, das ich kenne, welches stichhaltig ist, an das die Seele sich anschließt, und das sie ganz ausfüllt. Und diese Liebe als Kraft, als belebender Geist meiner Seele führet mich zu Gott, dem großen Geist der starken Liebe, ohne den jene Liebe wohl ein Wunsch, ein Traum meiner Seele, aber nicht die thatsächliche Kraft meines Thuns wäre. Darum muß die thätige Liebe der Leitstern meines Lebens sein, in ihr bekommt dies für mich Sinn, Werth, Halt und Erfüllung seines Strebens jeden Augenblick. Liebe kann ich stets üben, jede Secunde meines Daseins kann auf sie gerichtet sein, ob ich Leid oder Lust habe im sinnlichen Sinne, ob ich erkenne oder nicht damit vorwärts komme, das hindert nicht, alles, was ich thue, auf die Liebe zu den Mitmenschen in Kraft der Liebe Gottes zu beziehen.

Und die Seele freute sich, daß sie entwirret hatte den Knäuel der Gedanken, welchen die Menschen zusammen geschlungen haben aus der sinnlichen Annehmlichkeit, der Erkenntniß und der Liebe, und den sie noch täglich schlingen, weil sie meinen, sehr klug zu sein, wenn sie alles, was von Haupttrieben in ihnen ist, festhalten, einen dem anderen gleich achten und aus allen ein Ganzes machen, was nicht Hand, nicht Fuß hat.

Aber sie sind stolz auf solches Gemenge und nennen es Harmonie der Triebe und Neigungen und glauben, man dürfe keinem von diesen zu nahe treten, keinem zu kurz thun. Aber sobald sie die Sachen scharf nehmen wollten, müßte ihnen die blos sinnliche Annehmlichkeit in ihr Nichts entschwinden; denn sie ist ein Nichts; sie kann unserem Herzen nicht Halt, unserem Leben nicht Werth geben; und die bloße Erkenntniß müßte sich auflösen in ein leeres Nebelbild, von dessen Erreichung sie sich Wunder versprechen, und wenn sie es erhaschen könnten, so würde es in ihren Händen gleich einer Seifenblase. Die Liebe, die allein bestehet; sie muß in sich aufnehmen die sinnliche Annehmlichkeit und die Erkenntniß. Aber die Liebe suchet sinnliche Annehmlichkeit und Erkenntniß nicht für sich, nicht weil sie an sich selber Werth und Sinn haben, sondern sie suchet das leibliche und geistige Gut des Mitmenschen und darum suchet sie, was sein leibliches Leben fördert und stärkt, seinen Geist kräftigt und nährt, aber alles, damit es ein Erweis ihrer Liebe sei und Liebe in ihm erweckt werde, und wo sie nicht erweckt wird, da bleibet sie doch selbst in der Liebe gegen ihn; denn sie hat erkannt, daß Liebe zu den Mitmenschen in der Kraft Gottes es allein ist, was den Menschen hoch hält in Noth und Tod, in allem Leid und aller Freude des Leibes und des Geistes.

Und die Seele gedachte, wie wunderlich die Menschen überhaupt vom Geiste reden und denken; was sie Geist nennen, das ist ihr Erkennen der Dinge, auf dieses thun sie stolz und setzen ihre Größe darein. Dann aber, wenn sie merken, daß das Erkennen nach bestimmten Gesetzen und Regeln vor sich geht, wie alle Dinge der

Welt, so werden sie schon stutzig und sind geneigt, sich
geschwind einzuordnen in die Reihe der Thiere als ihr
letztes und höchstes Glied; und wenn sie vollends merken,
daß Erkenntniß als Erkenntniß gar nichts Anderes ist
als eine Art des Geschehens, die eben geschieht, gerade
wie der Mond schwer ist gegen die Erde und die leichtere
Luft sich hinaufschwingt über die schwerere, so nehmen
sie ihren Geist an als ein leidiges Schicksal, welches
einmal ist, wie es ist, aber weiter keinen Zweck hat.
Und sie haben Recht damit, wenn der Geist des Menschen
nichts ist als Erkennen, um zu erkennen; denn dann ist
der Geist gleich allen übrigen Dingen, welche Naturdinge
genannt werden. Aber dieser Geist ist nicht des Menschen
Geist; des Menschen Geist ist das innerste Herz dieses
Geistes, wenn es herauswächst aus den natürlichen Anlagen und alle diese regiert und lenkt in der Kraft des
Herrn. Dieser Geist im Geiste, das ist der wahre und
ächte Geist, das ist die gotterfüllte Liebe zu den Menschen;
da ist uns nichts gleichgültig, da ist unser bewußtes
Wollen die Hauptsache und unser Erkennen als Denken
tritt in den Dienst dieser Liebe. Da wird in unserem
Geiste eine Kraft entzündet, welche ein Licht wird, das
leuchtet und wärmt, leuchtet, weil es uns in der Liebe das
zeiget, worin wir beruhen und Genüge haben, wärmet,
weil es uns nicht mehr kalt, öde und leer in der Welt
ist, sondern die Welt unsern Geist jetzt füllt als die
Menge unerschöpflicher Aufgaben, deren jede für sich ein
Genüge ist und hat. Das ist der Geist, welcher Geist
ist und Geist wirkt, nicht blos Licht in sich ist und
wohlthuende Wärme, sondern Licht ausstrahlet um sich,
und in dessen Nähe der warme Hauch der Liebe alle

Menschen anwehet wie ein Odem Gottes. Wo bewußte
und gewollte Liebe ist, da ist Geist; sittliche Begeisterung
in Gott, das ist Geist; was nicht solch heiliger Geist ist,
das ist überhaupt nicht Geist, das ist Intelligenz, Denken.
Nicht daß der Mensch denkt, ist sein Vorzug, sondern
daß die Liebe zu den Menschen in Kraft der Liebe Gottes
sein Denken, Fühlen, Wollen beherrscht, das erhebet ihn
über alle anderen Dinge und stellet ihn Gottes heiligem
Geist zunächst.

Und die Seele sahe an, woher das alles sei; und sie
sprach zu sich selbst: ein Woher giebt es da weder für
Gott noch für die weltlichen Dinge in ihren letzten
Elementen, Kräften und Gesetzen noch auch für den
Geist; es ist so, weil es so ist. Es ist das Sein des
Menschen von Ewigkeit her, so zu sein, wie er ist, frei
wählen zu können zwischen den drei Zielen seines Daseins, wobei die Liebe als das einzige Genüge geahnt,
gefunden und erlebt wird. Dieses Gefühl gehet nie
verloren, aber die Kraft Liebe zu üben, die kann verloren gehen, und wo sie noch ist und nicht erstickt wird
durch die Lust der Sinne und den Wahn der Erkenntniß,
da treibt sie von ihrer Schwäche aus hin zum Gedanken
göttlicher Hilfe, und diese wird erlebt, wie sie gedacht
worden ist als heilige und heiligende bewußte Kraft der
Liebe. Das alles ist so, weil es so ist, es ist das Verhängniß Gottes, zu sein die persönliche kräftige Liebe, es
ist das Verhängniß des Menschen, nur in der Liebe zu
den Menschen, welche aus Gott Kraft schöpft, Genüge
zu finden, es ist das Verhängniß der Dinge, zu sein,
wie sie sind für sich und im Verhältniß zu einander.
Dies Verhängniß ist nicht von irgend Etwas über Gott,

Menſch und Welt verhängt worden, ſondern Verhängniß heißt: es iſt ſo, weil es ſo iſt, oder es iſt ſo und war ſo und wird ſo ſein. Zu dieſem Verhängniß, d. h. feſtem Sein, gehöret auch, daß wir denken können, es hätte alles ganz anders ſein mögen oder gar nicht zu ſein brauchen. Warum ſollte es nicht denkbar ſein, daß gar nichts wäre, kein Gott, keine Seele, keine Welt, oder warum ſollte es nicht möglich ſein, daß Gott, Seele, Welt völlig verſchieden geartet wären von der Weiſe, wie ſie jetzt ſind? es hätte mögen eine Welt ſein ohne Gott und ohne Menſch, ein Gott ohne Welt und Menſch, Gott und Menſch ohne Welt, Gott hätte ganz anders beſchaffen ſein mögen als er iſt, er hätte können Schöpfer ſein und ſo fort. Das alles vermögen wir uns vorzu= ſtellen, einzubilden, lebhaft mit dem Gedanken zu ver= folgen; daß wir dies können, das gehöret mit zu unſerer urſprünglichen Ausrüſtung. Aber ſolche Möglichkeiten entſcheiden nicht über die Wirklichkeit; die Wirklichkeit muß ſich uns ſo offenbaren, wie ſie iſt, nicht wie wir ſie uns einbilden könnten, daß ſie wäre. Der wirkliche Gott iſt ſo, wie er erkannt wird und ſich der Seele bekräftigt hat; der wirkliche Menſch iſt, wie er iſt ge= ſchildert worden und täglich von jedem in ſich ſelbſt erkannt werden kann; die wirkliche Welt iſt in ihrem Verhältniß zu Gott ſo, wie es iſt ausgeſprochen und erhärtet worden und nicht anders. Dieſes wirkliche Verhältniß des Menſchen zur Welt und zu Gott iſt ein Verhängniß, es iſt ſo, wie es iſt, und kann nicht ge= ändert werden, aber es iſt ein ſeliges Verhängniß; denn es giebt ein Heil für den Menſchen, eine Erlöſung von der Nichtigkeit der Sinnenluſt und der bloßen Erkennt=

niß. Die göttliche Liebe ist selbst der Heiland der
Menschheit, der ewige und allgegenwärtige, ewig sich
darbietende, ewig in Gleichheit des Verfahrens mit den
Menschen waltende, ein ruhiges Meer der Kräftigkeit
der Liebe, wer sich dem vertraut, der wird getragen von
ewig getreuem, ebenem und klarem Spiegel.

Neunzehntes Kapitel.

Von der falschen Liebe als bloßer Erhaltung der Gattung, und von dem natürlichen Menschen als Jüngling, Mann und Greis.

Es giebt noch Andere, welche die Liebe zwar anerkennen als das wahre Gut der Menschheit, aber sie um-
wandeln in einen Sinn für die Gattung und ihre Erhaltung. Diese verkennen ganz des Menschen Wesen.
Was wäre die Erhaltung der Gattung anders, als daß
das physische Dasein der Menschen auf der Erde das
höchste Ziel des Menschen sei; und warum sollte dies
ein solches Ziel sein? die Lust am natürlichen Dasein
ist nicht von der Art, daß sie auch nur einen Tag den
Menschen, welcher denkt, im Leben zurückzuhalten vermöchte;
und die Qual und Nichtigkeit solchen Lebens sollte der
Mensch ewig machen, soviel an ihm liegt, durch Fortpflanzung? Ja, wenn der Mensch nicht frei wäre, wenn
er sich getrieben sähe zur Fortpflanzung blindlings und
ohne Ueberlegung; aber der Mensch ist frei, frei auch
in der Wahl seiner Lust, wenn er die Lust, die sinnliche,
zum Ziel sich erwählt hat. Nicht Kinder suchen die,

welchen der Geschlechtstrieb und seine Befriedigung der
Mittelpunkt aller ihrer Wünsche und Bestrebungen geworden
ist, sie fliehen und meiden sie und beklagen sie als ein
Unglück; und wenn die bloße Sinnenlust dem Dasein Werth
giebt, so verkehrt sich jener Trieb bald in Unnatur, welche
Unnatur so zu bezeichnen ist vor den Augen dessen, dem
die Erhaltung der Menschheit aus einem sittlichen Grunde
einen Werth hat, nicht aber vor dem Urtheil dessen, der
blos Lust suchet oder blos Triebe ersticken will, um ihre
Qual los zu werden. Die Erhaltung der Gattung ist
abhängig von unserer Werthschätzung des Lebens, sie gehet
vielmehr nach Freiheit vor sich, als man wähnet; denn
die Vermeidung neuer Geburten bei völliger Befriedigung
des Triebes wäre sehr leicht und könnte sehr allgemein
sein, wenn nicht sittliche Gründe als dunkle Gefühle
solchem Gelüst des Menschen entgegenwirkten; ja, die
Vermeidung neuer Geburten würde eine Pflicht den
Menschen scheinen, wenn nicht das Bewußtsein wäre, daß
das Leben, gerade wenn es Mühe und Arbeit gewesen
ist, köstlich war. Der Trieb zur Erhaltung der Gattung
würde so unwirksam werden kraft der Freiheit durch die
Erkenntniß von der Leerheit des Lebens, wenn dieses
sein Ziel in der sinnlichen Annehmlichkeit hätte; er würde
auch unwirksam gemacht werden, wo der Werth des Lebens in die bloße Erkenntniß gesetzt wird; denn die ist
auch eitel und ein leerer Wahn. Aber wo die thätige
Liebe aufgehet als der Stern des Lebens, da werden auch
die Triebe zu etwas Anderm, und in ihrem Dienst verwandeln sie sich in heilige Gefühle und Thaten; da hat
das Leben Sinn und Verstand, und die Erhaltung der
Menschheit, der Menschheit, wie sie wirklich ist, wird die

erste Pflicht, aber die Erhaltung der ganzen Menschheit nach ihrer leiblichen, geistigen und sittlichen Seite. Der Leib ist der Boden, auf welchem die Seele aufkeimt zum bewußten Leben und sich strecket nach der Sonne göttlicher Liebe, um in ihrer Kraft die Erde nicht nur zu schmücken, sondern auch ihre Elemente an sich zu ziehen, sie umzuwandeln und neues seliges Leben mehr und mehr zu bereiten und zu fördern. Das ist deine Aufgabe, o Mensch; nicht ist sie fern von dir, aus deinem Herzen sproßt sie dir auf in Phantasien, Märchen und lieblichen Bildern, in deiner Hand liegt es die Phantasie zur Wirklichkeit, das Märchen zum Ereigniß, die Bilder zu lebendigen Gestalten zu machen, aber das kostet viel, es kostet den Schweiß des Denkens, nicht sofort des wissenschaftlichen, aber des schlichten und einfachen eines geraden Herzens und unverdorbenen Verstandes, es kostet die Kraft des Willens, die Aufbietung derselben bis zum Aeußersten, es kostet den Aufschwung der Seele zu Gott, dem lebendigen Gott, ein Schreien zu ihm Tag und Nacht, ein Schreien des innersten Herzens und daß man sich anklammere an Gottes starke Hand. Wenn es erst dies Viele gekostet hat, dann kostet es wenig, fromm und selig zu sein, es kostet zwar immer soviel, wie bisher, aber dies Viel, wie scheint es der Seele wenig gegen die Genüge und die Ruhe und den Frieden Gottes, welcher im Herzen wohnet und es nie verläßt. Aber die Menschen achten nicht auf ihr eigenes Heil, wie es ihnen winkt in der stillen Ahnung jeden Herzens; sie hören nur auf die Stimmen des Triebes, welcher gerade am lautesten in ihr Ohr schreit und am vernehmlichsten; diesem beugen sie sich und folgen ihm und stoßen die leisen

Zweifel, welche sich wider jene rohen Schreier regen, fort
als unnütze langweilige Selbstquälerei. Und so folgen sie
meist in der Jugend den Eingebungen der Wollust und
dem Verlangen alles dessen, was eine kräftige Erregung
der Muskelgefühle bewirkt und eine lebhafte und leichte
Erregung der Nerven; daher sind sie voller Phantasie,
voller Kraftäußerung, aber alles ist Selbstgenuß sinnlicher
und geistiger Kraft; selbst wo sie sich dem Dienst der
Mitmenschen weihen, ist es meist Phantasie, was ihre
Vorstellung ausmacht, und natürlicher Muth, der sie zu
kühnen Thaten treibt. O wie wunderbar müßte es um die
Welt stehen, wenn alle diese geistige und leibliche blühende
Kraftmenge von der ächten Liebe der Menschen und Gottes
regiert und benutzt würde durch sie selber. Das Mannes-
alter ist meist ein Gemisch von verschiedenen Trieben;
ruhige Sicherung des Daseins in Erwerb und Genuß,
feste Bande des Lebens in Beruf, Ehe und Freundschaft,
die süße Gewohnheit des Daseins und Wirkens sucht der
Mann, und arbeitet dabei gerne an allem, was die
Sicherung und das Gedeihen menschlichen Lebens mehrt.
Der Jüngling stirbt gern für das Vaterland, der Mann
arbeitet gern an dem Ausbau eines festen und geordneten
Gemeinwesens im Vaterland. In dies Leben des Mannes
mischt sich viel ein von dem, was die Liebe auch thut.
Daß die Liebe zu den Menschen ein großes Stück zur Befriedigung menschlichen Herzens ist, das hat er durch
das Leben erfahren; aber selten ist das Herz von dieser
Liebe ganz und voll ergriffen und so, daß die Liebe zu
den Menschen überhaupt und nicht blos zu denen, welche
uns persönlich angenehm sind, das Herrschende in der
Seele ist. Und da der Mann gelernt hat, daß man sich

7 *

tummeln muß im Leben und daß, wo keine Arbeit, auch
kein Gedeihen, so vergißt er seines Gottes und verläßt
sich auf seine eigene Kraft, nicht ahnend, daß Gott kein
Gott der Natur und der natürlichen Dinge ist, wohl
aber ein Gott der Gnade und der Kraft, an welchem
das menschliche Herz sich nähret zu beständigem Liebes-
muth. Und wenn dann das Alter kommt, da lernet der
Mensch sich selbst am besten kennen, und wir auch lernen,
was sein Leben erfüllt hat, rein herauslesen. Wer da
jammert, daß seine Sinne abnehmen und seine Lebens-
freude ihm zerstört werde, der offenbaret, daß leben ihm
war sinnliche Kraft und Genuß haben; wer die Menschen
und ihre Bestrebungen, das ganze menschliche Leben elend
und erbärmlich schilt, der giebt zu erkennen, daß Liebe
als Liebe nie in ihm war; wer im Alter milde und
liebevoll wird, der zeigt, daß er mindestens seiner eigenen
Schwachheit sich bewußt ist; in solcher Stimmung regt
sich lebendiger der Gedanke Gottes, der Mensch hofft
ein zweites Leben, das er besser und nach seiner jetzt
erlangten Einsicht zu führen sich vornimmt, aber die Einsicht ist spät, sie war auch zu gewinnen in der Hitze
jugendlicher Triebe. Bei Anderen zeigt sich im Alter,
daß durch manche Verirrung hindurch sich die Liebe Gottes
und der Menschen in ihnen mehr und mehr herausgebildet
hat; die Gesinnung der Liebe, vermischt mit der Wehmuth,
daß sie dieselbe nicht früher erfaßten, erfüllt den Rest
ihrer Tage. Aber die meisten Menschen entsagen ihren
Leidenschaften erst, wenn ihre Leidenschaften sich von ihnen
lossagen, weil sie sich durch den Gebrauch abgestumpft
haben, und selbst da sind sie ihnen noch ergeben; ihre
Sehnsucht geht auf in der Erinnerung an die sonnigen

Tage der Jugend und ihres Genusses. Es sind alle
berufen von Natur und werden fort und fort gerufen
von Gott, aber wenige sind auserwählt, weil wenige das
wahre Heil erwählen. Der Mensch kann nicht aus sich
zu Gott kommen, Gott muß ihn zu sich ziehen, aber Gott
kann auch nicht Gott des Menschen werden, der Mensch
sehne und strecke sich denn nach ihm mit aller Kraft
seines Herzens.

Zwanzigstes Kapitel.

Das Genüge des Frommen ist nicht Freude und Lust unter anderem Namen; um der Lust willen erwählet Niemand die thätige Liebe; Verhältniß der Lust zum Leben der Liebe.

Alles dies dachte und überlegte die Seele, und sie
freute sich ihrer Erkenntniß; denn diese war viel sicherer
und klarer geworden, seit Gott selbst der Seele Muth
zugesprochen durch seine Offenbarung; Eins jedoch be-
unruhigte wieder die Seele. Sie hatte sich gesagt, daß
das Ziel der sinnlichen Annehmlichkeit und der Erkenntniß eins und dasselbe sei, die Freude, dort der
Empfindung, hier der Erkenntniß; nun gedachte sie:
kann nicht Jemand meinen auch die Liebe unter diese
Freude ziehen zu wollen, indem er spricht: Freude ist es,
was der Mensch suchet, der eine sucht sie durch Empfindung, der andere durch Erkenntniß, du suchst sie in der
Liebe der Menschen und Gottes. Ihr seid euch alle
gleich, keiner rühme sich ein vom anderen verschiedenes

Ziel zu haben; es ist nur der Weg verschieden, welcher
zum Ziel führen soll. Was der Liebe Gottes und der
Menschen zur Empfehlung gereichen könnte, das wäre
etwa, daß sie die größeste, dauerhafteste und gleichmäßigste
Freude ist, aber Freude, Lust ist sie auch; Lust ist so
die Triebfeder bei allem, was wir thun. Und die Seele
bedachte diese Rede, und sie sah, daß sie keine rechte Rede
war; denn es ist ein Unterschied zwischen Freude und
Freude, Lust und Lust, wie ein Unterschied ist zwischen dem,
was die Menschen Glückseligkeit nennen, und der Seligkeit Gottes und der Frommen. Die Liebe hat nichts
mit der Freude und Lust weder der sinnlichen Annehmlichkeit noch der Erkenntniß zu thun, sie hat mit diesen nichts
gemein, keine Aehnlichkeit damit, sie ist ganz ein Anderes.
Wer die Liebe der Menschen und Gottes ergriffen hat
als das Ziel seines Lebens, der hat Sinn und Verstand
in sein Leben gebracht, er weiß, warum er lebt und
wirkt, er hat einen Werth und eine Bedeutung in seinem
Dasein gefunden, welches ihm dasselbe bis zum letzten
Athemzuge köstlich macht, nicht durch das, was er hat
von Freude, Gelingen, Genuß, Stillung seiner Bedürfnisse, Sättigung seiner Triebe, sondern er hat jenes Genüge, jene Ruhe, jenen Frieden, ob er in lauter Leid,
Unlust, Ungemach, Mißlingen, in Hunger und Durst
der bloß sinnlichen Begierden und des bloßen Erkennt-
nißtriebes stehet; und wenn er auch Freude hat und alles
Genügen Leibes und Geistes, so ist diese Freude eine andere bei ihm geworden; nicht als die Erfüllung seines
höchsten Zieles, sondern als einen Theil seines von
Menschenliebe und Gottesliebe geleiteten Lebens empfindet er sie; darum sind ihm Leid und Unlust zwar als

Empfindung nicht angenehm, denn er ist wie alle Menschen
von Natur sind, aber sein Genüge, seine Ruhe, sein
Friede, was er alles hat darin, daß er das Kleinod
ächter Menschen- uub Gottesliebe in sich trägt, wird dadurch nicht zerstört, ihre Kraft wird im Ungemach noch
größer; den Segen seiner Freude breitet der Fromme
über Andere, wo er nur kann, sein Leid überwindet er
in sich selbst und der Segen dieser Ueberwindung stählet
seine Kraft von Neuem und mehret sie; in den Außen-
werken der Seele stürmet es, aber das Innere des
Herzens ist Friede und bringet jene Unruhe zum Schweigen; denen, die Gott lieben, müssen alle Dinge zum
Besten dienen.

Darum braucht Niemand Sorge zu haben, daß Jemand
um der Lust willen Menschenliebe und Gottesliebe sich
erwählen werde als sein Thun. Weder sinnliche Lust
noch die Freude der Erkenntniß findet er dabei, wie sie
der sucht, welcher spricht: ich will Lust und immer wieder
Lust. Die Menschenliebe in Kraft der Liebe Gottes, sie
giebt Genüge und befriedigt das Herz in Lust und Leid,
in Erkenntniß und in Unwissenheit, aber sie ist nicht etwas,
was die Lust der Sinne und die Freude der Erkenntniß
erhöhet, im Gegentheil sie mindert deren natürliche Gewalt und sich selbst überlassenen Jubel, sie machet die
Lust und Freude zu einem ganz Anderen. Lust und Freude
werden Theil eines Höheren, sie werden umgesetzt in das
Bewußtsein der Kräftigkeit des Leibes und des Erfolges
des Geistes, welche beide Werth haben als Mittel, unsere Menschenliebe in Kraft der Gottesliebe um so mehr
zu bethätigen; nicht die Lust wird gesucht, nicht die
Freude erstrebt, sondern was unseres Leibes, unseres

Geistes Vermögen im Dienst der Liebe mehret, das wird
gewollt; ob dieses Vermögen leiblich oder geistig Lust erregt oder Schmerz oder keines von beiden, das thut
nichts hinzu zu seinem Werthe und nimmt nichts davon.
Da aber die Verstärkung dieser Vermögen nach unab-
änderlicher Einrichtung unserer Natur Lust erregt, so
gilt es, auf seiner Hut zu sein, daß wir nicht in die
Lust zurückverfallen, daß die Lust nicht Herr über uns
werde; denn wir sollen nichts lieb und werth halten,
weil es leiblich oder geistig Lust erwecket, sondern weil
es ein Theil werden kann und ein Stück im Dienst der
Liebe gegen unsere Mitmenschen. Darum ist auch das
Genügen und der Friede der Menschen- und Gottesliebe
nicht so, daß sie eine Lust wäre, eine starke und große,
welche, wohnend im innersten Grund unseres Herzens
und von da mächtig ausströmend, vermöchte die Unlust
des Leibes oder Geistes aufzuheben, zu nichte zu machen
oder so zu überbieten, daß wir vor Lust unsers inneren
Menschen Schmerz und Unlust Leibes und Geistes nicht
spürten. Die Unlust Leibes und Geistes bleibt nach wie vor,
sie wird als Schmerz und Unbehagen empfunden und ist nicht
angenehm, aber von dem Frommen wird sie nicht empfunden
als das größte aller Uebel, als das, dessen Gegenwart das
Leben um all seine Schönheit und seinen Werth bringt.
Sie wird empfunden als etwas, was an sich das Genügen
und die Ruhe der Seele nicht trübet; denn auch im Schmerz
kann sich die Menschenliebe in Kraft der Liebe Gottes bewäh-
ren und vollenden, aber er wird weggewünscht, soweit er unser
Vermögen thätiger Menschenliebe schwächt und vermindert.
Der gesunde Leib, die ungehemmte Seele können ihre
ganze Kraft dem Dienste der Brüder direct zuwenden;

der sieche Leib, die gepreßte Seele ist gehindert und in
sich zurückgedrängt; darum ist Schmerz und Leid kein
Gut an sich, aber auch in ihnen kann sich das Gut erhalten und mehren, die Menschenliebe in der Liebe
Gottes. Denen, die Gott lieben, müssen alle Dinge zum
Besten dienen, es sei Leid oder Freude; die Freude
spannet ihre Kräfte zum energischen Dienst für das Reich
Gottes, das Leid treibet sie an, sich nicht überwinden zu
lassen von der Unlust, sondern zu sinnen und zu schaffen,
daß sie weggebracht werde und kräftig Körper und Geist
wieder einhergehen in ihrem früheren Thun, und treibt
zu sorgen, daß nicht durch das sinnliche Unbehagen und
die Umdüsterung des Geistes die Seele trübe, mürrisch,
finster und unfreundlich werde gegen den Nächsten, sondern daß auch in der Hemmniß und Beschwerniß unser
Geist Licht sei für Andere und belebende Wärme, nicht
ein rauher Hauch, der nicht Liebe ist und nicht Liebe
hervorlockt.

Einundzwanzigstes Kapitel.

Gott sendet die Seele an ihre Brüder, daß sie dieselben lehre, wie allein man zu ihm komme und sich von seinem Dasein überzeuge.

Und die Seele bedachte alles dies und verweilte lange
sinnend dabei, und es schien ihr gut und wohl verträglich mit dem, was sie aus Gottes Munde selber ver-
nommen hatte. Und sie trug alles das in sich, und

wandelte darin wie in einem neuen Licht und einer himm-
lischen Kraft; sie fühlte sich reich in Gott, aber arm und
verlassen in der Welt. Denn sie hatte Menschen um
sich, welche sie liebte mit der ganzen Kraft ihrer Seele,
und wenn eine Versuchung an sie herantrat, so flehte sie zu
Gott mit der vollen Inbrunst ihres Herzens und stritt
wider sie und Gott gab ihr Kraft, daß sie überwand,
nicht leicht und wie im Spiel, sondern unter schwerem
Ringen und harter Bedrängniß, und sie achtete bei allem,
was sie that und dachte, darauf, ob es auch sei, wie die
Liebe gegen die Menschen in Kraft der Liebe Gottes es
fordere. So wuchs die Seele innerlich an Einsicht und
Energie ihres Lebens, und sie verglich die Meinungen
der Menschen und ihr Thun in Bezug auf Gott, Menschen und Welt mit dem, worüber sie Gott erleuchtet
hatte, und sie wurde dadurch bestärkt in ihrer neuen
Weise. Denn die Meinungen der Menschen erwiesen sich
als schwach und haltlos, soweit sie nicht mit der Offenbarung Gottes an die Seele stimmten, mit dieser aber
stimmten sie nur theilweise, und ihr anderer Theil war
unzusammenhängend und jedem Widerspruch preisge-
geben. Und das Thun der Menschen war theilweise
nach dem Sinne Gottes, aber selbst bei den Frommen
und denen, welche die Liebe zu den Menschen sich erwählt hatten als einziges Genüge, da fehlte dem Einen
dies und dem Anderen das. Die Frommen dachten nicht
richtig von der Liebe zu den Menschen und die Freunde
der Liebe zu den Menschen mußten zu wenig von der
Liebe Gottes. Da wurde es der Seele klar, daß alles
dieses herkommt davon, daß alle Gott als Schöpfer und als
Allmacht denken und nicht wissen, was Gott ist und was

der Mensch und die Welt, sondern unhaltbare Einbildungen in alles dies hineingemengt haben. Alles das
trug die Seele jahrelang in sich, aber noch getrauete sie
sich nicht, Anderen davon zu reden; denn noch immer
fürchtete sie, diese zu verwirren und mehr zu beun-
ruhigen, als zu stärken und zu befestigen. Aber je
länger je mehr quälte sich die Seele mit dem Vorwurf,
daß sie inmitten der Verwirrung aller Begriffe unter
den Menschen schweige und einhergehe, als lebe sie allein
und sei es genug, wenn sie selbst den Frieden und die
Wahrheit Gottes in sich trage; die Verwirrung war aber
sehr groß in der Menschheit, und was der Menschen
Aufgabe sei in der Welt, und was Gott sei, und wie
Welt und Menschheit sich verhalte zu Gott, darüber war
Schwanken und Unsicherheit allüberall. Und die Seele
hätte gern mitgetheilt, was sie in sich erfahren hatte und
in sich bewegte, aber immer fürchtete sie die Verwirrung
noch größer zu machen. Und sie flehte oft zu Gott und
bat, er möge ihr die Kraft geben zu erkennen, was zum
Frieden der Menschen diene und das Erkannte zu thun
mit Liebe und Schonung, aber auch in der Festigkeit und
Gewißheit der Wahrheit.

Und nachdem sie lange gefleht hatte, da ward ihr
wiederum die Offenbarung Gottes zu Theil, und Gott
der Herr sprach zu ihr also: Was betrübest du dich,
o Seele, und bist traurig in dir und unschlüssig, was
du thun sollst? Und die Seele erwiderte dem Herrn
und sprach: Herr, du weißt, was mich bekümmert und
quälet; vor dir ist das Innerste meines Herzens kund
und offenbar. Und der Herr antwortete der Seele und
sprach: Frage, was du willst; ich will dir sagen, was

zum Heile dient. Da neigte sich die Seele dem Herrn, dankte und sprach: O Herr, wie soll ich treten vor meine Brüder und ihnen reden von dir, wie ich dich erkannt habe, daß sie mir glauben und sich zu dir wenden, wie du bist, und dich kennen lernen von Angesicht zu Angesicht? Und Gott antwortete und sprach: Vernimm, o Seele, und bedenke, was du hörst. Woher weißt du von mir und meiner Kraft? Du siehst mich nicht mit dem Auge, du hörst mich nicht mit dem Ohr, mit keinem Sinn nimmst du mich wahr; alles, was sinnlich ist, hat nichts von mir. Auch in dem inneren Licht, von dem viele sprechen, und der Süßigkeit des frommen Gefühls bin ich nicht; das erreget sich neben und bei dem Gedanken an mich, stark und heftig, aber es kommt nicht von mir, es kommt von der lebhaften Freude und Entzückung, welche sich auch dem Leibe mittheilt, und bei Freude über nichtgöttliche, über ungöttliche Dinge sind ähnlich Licht und Süßigkeit auch mit da. Du erkennest Gott auch nicht mit dem Auge des denkenden Geistes, wenn du fragst, woher sind Welt und Menschen gekommen; denn diese Frage wird gleichsehr beantwortet, ob du viele oder Eine letzte Ursache annimmst, und bei solchen letzten Ursachen endet alles Wissen und Denken. Und wenn die Menschen sprechen: ja es giebt Eine letzte Ursache, in welcher alle einzelnen Dinge der Welt gegründet sind; denn woher sollte sonst der Zusammenhang der Dinge in der Welt kommen und daß in ihr ein Ding den andern angepaßt und wie auf sie berechnet ist? so führet auch das nicht zu mir. Denn warum, so werden andere Menschen fragen, warum müssen die Dinge von Ewigkeit her beziehungslos, ordnungslos,

gleichgültig gegen einander gedacht werden? Wenn die
Beziehung der Dinge als möglich gefaßt wird in der
letzten Ursache, warum ist sie nicht möglich von Ewigkeit her in den Dingen, wie sie sind. Darum sei getrost,
o Seele; daß man von der Natur auf Gott nicht komme,
daß man mit der Frage: warum? mich nicht erreiche,
das ist kein neuer Gedanke unter den Menschen, das
wird bald allgemeine Ueberzeugung; man hätte auch nie
geglaubt von da aus zu mir zu kommen, wenn man
mich vorher auf anderem Wege nicht bereits erreicht gehabt
hätte. Denn das halte fest: wo man mich nicht als
Liebe hat, da hat man mich nicht, da hat man ein Phan-
tom, eine Einbildung für Gott genommen, die nirgends
existirt. Aber habe darum keine Sorge; wer von Gott
spricht mit frommer Seele, der hat eine Ahnung von mir,
daß ich gut sei, daß ich dem Menschen wohl will und
Liebe bin. Daher hat man mich niemals ganz verfehlt.
Aber wer mich nicht blos sucht als Liebe, sondern auch
als Schöpfer und Erhalter der Welt, der findet mich nie
ganz und so, wie ich bin; dann kommen die vielen
Zweifel, die sich stets gegen mich erheben und nie überwunden werden, weil sie kräftig und wahr sind und un-
widerleglich. Darum tritt wacker und muthig vor und
sprich: ihr müsset Gott anders suchen, nicht halb in sich
und halb hinter der Welt und durch die Welt, sondern ganz
in sich von Euch aus. Wer Gott finden will, der gehe
in sich und werde inne, daß weder die Freude der Empfindung noch die Freude der Erkenntniß dem mensch-
lischen Herzen Genüge giebt; dies Genügen findet sich
allein in der thätigen Liebe zu den Mitmenschen; und
von der Schwachheit eurer Kraft zu dieser Liebe und

von der Bedürftigkeit nach Stärkung eurer Schwachheit,
da kommt ihr zu mir, das ist der Weg zur Wahrheit
und zum Leben. Da denket die Seele: wenn es einen
Geist gäbe, welcher durch und durch Liebe wäre und
Kraft der Liebe, an den ich mich wenden könnte in meiner
Bedürftigkeit und aus dem ich schöpfen könnte alle Tage
und jeden Augenblick meines Daseins, so wäre mir geholfen. Solcher Wunsch und solches Verlangen der
Seele beweiset noch nicht, daß ein solcher Geist, ein heiliger Geist der Liebe da ist und lebet; ihr müßt es versuchen und erproben, ob er ist. Eure Sinne lasset dabei draußen, mit denen könnt ihr Gott nicht fassen; denn
er ist ein Geist. Mit eurem bloßen Denken möget ihr
ihn euch ausmalen, aber daß er ist, davon seid ihr dadurch nicht vergewissert. Ihr müßt zunächst die Probe
machen mit ihm. Ihr müßt sagen: wenn er wäre, wenn
er kein Traum meines Geistes, kein leerer Wunsch, sondern wirkliches und wahrhaftiges Leben wäre, wenn er
mir nahe wäre allezeit, mein Flehen vernähme und mir helfen könnte, falls ich mit aller Kraft meiner Seele mich an
ihn klammerte: was, was würde ich dann thun? würde
ich nicht zu ihm rufen Tag und Nacht, in allen Versuchungen meine Kraft stählen durch seine, ihn nicht los-
lassen, und wenn die ganze Welt mich von ihm wegreißen
wollte. So würde ich thun und würde in ihm und
durch seine Kraft eine Seele werden, welche lieben nicht
blos will, sondern wirklich liebt; ja, so würde ich thun
und werden, wenn Gott existirte. Aber wie soll ich das
inne werden, daß er existirt? die Sinne verlassen mich,
der Verstand hilft nicht, das Herz führt zum Wunsch
eines Gottes und zur Vorstellung, wie herrlich es wäre,

wenn er nicht blos in Gedanken, sondern in lebendiger
Wirklichkeit da wäre; diese Wirklichkeit wie soll ich sie
erfassen? — Laß dich nicht irren durch solche Zweifel und
bedenkliche Ueberlegungen, o Seele; es ist Niemand zu
mir gekommen, der nicht durch sie hindurchgegangen
wäre; sie sind das Dunkel, welches zum Licht führt, sobald du Eines thust; du darfst nämlich nicht sprechen:
ich will warten, bis mir die Wirklichkeit Gottes gewiß
geworden ist. Die wird dir nie gewiß, wenn du dich
nicht aufraffst und sprichst: gut, ich will es mit Gott versuchen; ich will so thun, als ob ich gewiß wüßte, er
existire wesentlich und wirklich; vielleicht komme ich so
zu seiner Gewißheit. Das ist der Weg zu mir, der einzige
Beweis, daß ich lebe und walte, den es für euch giebt.
Auf diesem Wege wirst du bald meiner gewiß und sicher;
wenn du mit Ernst und Eifer so bist, wie du sein würdest, wenn ich existirte, so spürst du bald meine Nähe
und meine lebendige Kraft. Die Nähe und Kraft Gottes
lernest du darin, daß durch jenes dein Thun deine Liebe
und ihre Kraft sich entzündet und eine weltüberwindende
Stärke wird. Das ist es, wie du mich erkennest; du mußt
leben, als ob es einen Gott gäbe, eine heilige bewußte
Kraft der Liebe, dann wirst du erleben, daß es einen
giebt. Die Kraft, welche von ihm in dich übergeht, die
Begeisterung und Erhebung der Menschenliebe durch die
Kraft der Liebe Gottes, die zeigt dir, daß die Ahnung
deines Herzens dich nicht betrogen hat, und entzückt sinkst du
nieder und rufest: Herr, ich habe dich gefunden, mein
Heil, du bist bei mir ewiglich. Und bald wirst du inne,
daß Gott dich nie verlässet: wenn du auf dem Stuhle
sitzest, so ist er bei dir, wenn du über Feld gehst, so

wandelt er mit dir, wenn du dich zur Ruhe legest, so ist
er da, und wenn du aufstehest, so ist er noch da, er
weichet von dir keinen Augenblick. Du bist seiner so gewiß, wie du gewiß bist, daß du selbst lebest; so wahr
ich lebe, sprichst du, so wahr lebet Gott; denn mein Leben
könnte nicht so geworden sein, wie es ist, wenn Gott
nicht lebte und wäre; durch ihn bin ich, was ich bin,
und seine Gnade ist an mir nicht vergeblich gewesen.
Ja, Gott lebet noch mehr und anders, als ich lebe;
denn er hänget nicht ab von meiner Liebe zu ihm und
von meinem Leben, wohl aber hänge ich ab von seiner
Liebe und seinem Leben. Wäre ich nicht, so wäre er
doch, was er ist; wäre er nicht, so wäre ich das elendste
aller Dinge auf Erden; ohne ihn möchte ich nicht sein;
mit ihm ist Leben Seligkeit; sein Name sei gepriesen.
Amen.

Zweiundzwanzigstes Kapitel.

Gott zerstreut der Seele den Zweifel, daß sein
Gedanke bloße Täuschung sei und lehret,
daß der Mensch nicht blos Gott glauben,
sondern Gott wissen kann.

Und der Herr sprach weiter zur Seele: So lernest
du Gott erkennen, so allein. Nicht komme in dein Herz
der Zweifel, ob das nicht alles Selbstbetrug und
täuschende Ueberredung sei. Oder vielmehr er komme in
dein Herz, damit er in seiner Nichtigkeit erkannt werde.
Dieser Zweifel spricht: Es ist wahr, daß ich durch das

Gebet zu Gott und um seine Hilfe in meiner sittlichen
Schwachheit bin wunderbar gekräftigt worden, aber dieses
ist nicht geschehen und geschieht nicht, ich wende denn
alle meine geringe Kraft mit an und lebe des festen
Entschlusses, lieber zu Grunde zu gehen nach meinem
sinnlichen Menschen, als daß ich willige in das, was
gegen die Menschenliebe und die Gottesliebe ist. Vielleicht ist aber dies Letztere, die Anstrengung meiner
Kraft, die Hauptsache, jenes Erstere, das Gebet zu Gott
und der ganze Gedanke Gottes, blos Nebensache, ein
förderlicher Nebenumstand; denn das Gebet selbst, was
ist es anders als ein stilles Reden der Seele, worin
sich der lebendigste Trieb Liebe zu üben und zu sein ver-
körpert. Könnte ich da nicht das Gebet und den Gedanken Gottes weglassen, und wenn ich dann beibehielte
den gleich starken Entschluß und die gleiche Festigkeit, so
würde ich auch so die Liebe sein, die ich als mein einziges Gut erkenne, die starke und mich selbst, d. h. die
Begierde sinnlicher Annehmlichkeit und die bloße Lust des
Erkennens überwindende, dem Dienst der Mitmenschen
hingegebene Liebe. So würde ich Gott nicht nöthig
haben, er würde sich erweisen als ein möglicher Gedanke,
der mir kommt und dem ich mich vielleicht mit Eifer
und mit Ungestüm überlassen habe, aber bei näherem
Zusehen schwindet er dahin und an seine Stelle tritt
mein eigener freier, blos in sich selbst ruhender und auf
sich selbst gestützter Entschluß, gut zu sein, Liebe zu üben.
Sprich so, o Seele, sprich es aus! Was hilft es die
Zweifel zurückzudrängen, die in jeder Menschenseele liegen
und, äußerlich gehemmt, heimlich an deinem Leben zehren
und nagen. Sprich es laut hinaus unter deine Brüder:

solche Zweifel kommen jeder frommen Seele; ist sie aber fromm, hat sie an sich selbst erfahren, was Frömmigkeit ist, dann kommt der Zweifel einmal und nicht wieder. Denn die Seele mache die Probe, nur einen Augenblick in Gedanken, sie spreche zu sich selbst: Seele, was du Gott genannt und verehrt hast als eine bewußte heilige Macht der Liebe über dir, aus der du Stärkung schöpfest, das bist du selbst, dein eigener mächtiger Wille ist es, der, sich selbst verborgen in seiner Stärke, dir als ein Gott erschien über und verschieden von dir; du brauchst nicht weiter zu beten zu Gott, du brauchst blos deinen Willen aufzurufen, er wird sich aufmachen wie ein Held zu laufen seine Siegesbahn der Liebe und nie wird ihm seine Kraft versagen, — so sprich zu dir, o Seele, und was sagst du von dieser Entdeckung über dich selber? Wirst du nicht antworten: Von allem dem weiß ich nichts und habe nichts; mein Wille ist schwach, und ohne Hilfe von oben bleibt es beim Wollen und kommt nicht zum Vollbringen; ich mag ihn aufrufen, wie ein Held zu sein, er bleibet schwach und gering; wohl kommt es vor, daß in manchen Momenten im Menschen der Trieb der Liebe gewaltig hervorbricht, daß einer sein Leben und alles aufopfert, um einen Unglücklichen zu retten aus Todesgefahr, selbst wenn es sein Feind ist; in solchem vereinzelten Triebe zeiget sich die ganze Gewalt, mit welcher die Liebe in der Seele schlummert; aber das, worin der Mensch sein Ziel findet, ist nicht ein vereinzeltes Thun der Liebe; die Liebe zu den Mitmenschen muß werden unser herrschender Gedanke, Gefühl, Wille und Thun; das ist das Schwere, das dem Menschen Unerreichbare, vor dessen Unerreichbarkeit die Seele sich flüchtet zu Gott, zu dem lebendigen Gott der Liebe, welcher ihr Sehnen stärket und all ihr Vermögen kräftig machet aus seinen ewigen Schätzen. Einmal in einem kühnen Wurf sein Leben setzen an eine kühne That ist nicht schwer; auch Märtyrer zu werden für die Religion war nicht die mühseligste Pflicht, aber beständig in all unserem Fühlen, Denken, Wollen und Thun von der Liebe zu den Menschen sich leiten zu lassen, das ist die Aufgabe, auf welche es ankommt; große, einzelne Thaten der Auf= opferung, wo sie auf unserem Wege uns aufstoßen, müssen vollbracht werden, aber alles auf Liebe zu beziehen, das ist es, was die Sittlichkeit verlangt und was sie nicht vollbringt, wenn sie nicht zur Frömmigkeit wird. Die wahre Menschenliebe ist nur dann möglich, wenn sie aus der Gottesliebe ihre Kraft fort und fort nimmt. Da= rum bekennet die Seele freudig: jener Zweifel, er ist nicht wahr; wenn ich Gott weglasse und meinen Willen anrufe als die Hilfe in der sittlichen Schwachheit, so ist es, als ob ich in der Schwachheit verlangte, die Schwachheit sollte ihr selbst helfen, die Schwäche solle Stärke sein. Der Fromme muß seine Willenskraft anspannen fort und fort, aber er weiß, daß diese Anspannung nicht alles ist, nicht das Beste thut, nicht die Hauptsache ist; sie ist er= fordert und wo sie fehlt, da wird Gott nie helfen. Aber wo sie ist, da thut sie es nicht, sondern zu ihr gesellet, mit ihr verbindet sich der Aufschwung aus der Höhe, die kräftige Erhebung des Herzens, welche der Fromme preist als seine wahre Stärke. Der Mensch wird nicht gut ohne Gott, er bleibt nicht gut ohne Gott, er wird und ist gut nur in Gott, in dem Gott der heiligen Liebe und in nichts anderem. Darum glaubet er an Gott,

d. h. weiß mit voller Ueberzeugung, daß Gott ist, obwohl
er ihn nicht siehet. Es ist nicht wahr, wenn die Menschen
meinen, andere Dinge besser zu wissen als Gott, wenn
sie sagen: Das und das weiß ich, an Gott glaube ich
blos; die so sprechen, wissen von Gott und seiner Wahrheit nichts. Woher weiß der Mensch sein eigenes Dasein?
Woher anders, als daß er sich im Dasein findet und
im Wissen dieses Daseins? Woher weiß der Mensch,
daß es Bäume und Steine auf der Erde giebt und andere Menschen neben und außer ihm? Er sieht sie und
höret sie und tastet sie. Aber was ist Hören, Sehen und
Tasten anders, als daß er weiß, was er so hören, sehen
und tasten in seinem Geiste nennt. Nicht sind die Bäume
im Geiste des Menschen, nicht die Häuser, nicht die anderen Menschen; die sind nicht er selbst, seine Gedanken
von ihnen sind nicht diese Dinge. Woher weiß er, daß
er nicht blos denkt, es gebe Häuser, Bäume und Menschen,
sondern daß Baum, Häuser, Menschen unabhängig von
seinen Gedanken da sind? Er weiß es, weil er sieht, daß
er, annehmend, es gebe solche Dinge außer ihm, sich die
Welt verständlich machen kann und anders nicht, und daß
er diesen Trieb nach Selbstverständigung habe. Nicht
hat er von diesen Dingen der Welt je etwas Anderes
in seinem Geiste als Vorstellungen, Bilder, Gedanken,
aber darum weiß er doch, jene Welt ist unabhängig von
seinen Vorstellungen, Bildern, Gedanken da. So ist es
auch mit Gott. Der Mensch hat in seinem Geiste, in
seinem denkenden Geiste nie etwas Anderes als die Vorstellung von Gott, dem selbstbewußten Geist der heiligen
Liebe, der da ist allgegenwärtig, ewig, selig in sich, mit-
theilend von seiner Kraft jedem, der ihn richtig suchet,

aber darum weiß er doch, Gott ist nicht diese Vorstellung; er sagt sich: Diese meine Vorstellung von Gott ist nicht er selbst, sondern die Kraft, die in mir gemehret wird durch Gebet und Anklammern an den so vorgestellten Gott, die beweiset mir Gottes Lebendigkeit, Gottes Wirklichkeit, Gottes kräftiges Dasein. Nicht zwar weiß ich, wie Gott es machet die lebendige Liebe zu sein, wie er es anfängt mir Theil zu geben an seiner Liebe, aber deßhalb weiß ich doch, daß er dies thut und nie müde wird es zu.thun. So weiß ich auch, daß ich bin, aber wie ich es mache zu sein, das weiß ich nicht; so weiß ich, daß meine Liebe nicht in mir bleibet, sondern in Thaten ausgehet, welche von mir sich los lösen und Anderen zu eigen werden, aber wie dies gemacht wird, wie die Wirkung überspringt von Einem aufs Andere, da ist für mich Dunkel und schwarze Nacht. So saget die Seele mit Fug zu sich; was sie kennet von Gott, das ist ihre Vorstellung, ihr Gedanke; aber diese Vorstellung, dieser Gedanke ist nicht Gott; Gott ist es, auf den dieser Gedanke, diese Vorstellung zielet und von dem die Vorstellung, der Gedanke erkennet, daß er mehr ist als Vorstellung und Gedanke, daß er ist und wirket als die ewige unerschöpfliche allbarmherzige Liebe. Darum ist die Seele Gottes gewiß, so gewiß wie sie ihrer selbst ist, ja noch gewisser; denn sie erkennet, daß sie nicht ohne Gott sein kann, was sie sein will, Gott aber ist, was er ist, ohne sie.

Dreiundzwanzigstes Kapitel.

Gott lehret, daß die jetzige Gotteserkenntniß, wenn richtig, auch dieselbe bleibt in Ewigkeit, und daß in ihr der Mensch sich immer von Gott unterscheidet; daß Gott derselbe war wie jetzt, auch als noch Niemand nach seiner Liebe verlangte, und was seine Seligkeit ist.

Und der Herr sprach weiter zur Seele: Und diese Erkenntniß Gottes ist nicht eine vorübergehende, blos irdische, natürliche und vergängliche, an deren Stelle eine überschwängliche, himmlische, übernatürliche und ewige einst oder schon zeitweilig hinieden treten wird. Denn was der Geist erkennet, fühlet, will, mit einem Worte: erlebet, das ist in ihm, und diese seine Natur wird nicht verändert, so lange er bleibet, was er ist; die Erfahrung von Gottes Dasein bleibet stets dieselbe, wie sie jetzt ist. Die Seele denket Gott, sie denket ihn als existirend unabhängig von ihrem Gedanken und daß er Liebe sei und die Liebe der Seele mehre und nähre, und durch diesen Gedanken und den lebendigen Aufblick zu ihm wird ihre Liebeskraft geläutert und gestärkt, und so weiß sie, daß Gott ist, wirklich ist, thätig ist, und dieselbe Erfahrung wird nie anders, sie bleibet immerbar. Und so schauet die Seele Gott jetzt, wie sie ihn schauen wird in alle Ewigkeit, und liebet ihn, wie sie ihn lieben wird immerbar. Die Seele wird Gott nie sehen mit leiblichen Augen, wie sie auch sich selbst nicht sieht mit leiblichem Auge; sie weiß, daß er bei ihr ist und in ihr ist, und daß sie gleichwohl verschieden von ihm ist. Gottes Ich ist nicht der Seele Ich; Gott spricht zur Seele: du, und die Seele spricht zu ihm: O du, mein Herr und mein Gott, ich bin bei dir, in dir und von dir nimmer zu scheiden, wenn ich treu bin, und bin ein Anderer als du in alle Ewigkeit, und so sehr meine Liebe zu dir, wenn sie ächt ist, mich einpflanzet in dich, so bin ich nicht deines Wesens, nicht Fleisch von deinem Fleisch, Bein von deinem Bein; du bist nicht die Sonne, welche die menschlichen Geister ausströmt als ihre Strahlen, die wieder in sie zurückkehren; du bist nicht der Fond, aus welchem die Geisterwelt sich heraus entwickelt. Woher weiß ich das? spricht die Seele; daher, daß ich sittlich von Gott ganz und gar verschieden bin. Ich habe zwar viel Aehnlichkeit mit Gott, Gott ist ein Geist, er ist seiner bewußt, denkt, fühlt, will, so bin ich auch. Freilich ist Gott ein allgegenwärtiger und ewiger selbstbewußter Geist, und ich bin beschränkt auf einen Ort, und zwar ewig, aber nicht von Ewigkeit meiner mir bewußt; aber das ist nicht der Hauptunterschied. Gott ist Liebe, heilige Liebe und Güte, Kraft der Liebe, die sich mittheilen kann und will. Ich bin nicht Liebe, aber ich kann ganz Liebe werden wollen, ich vermag das zu werden, nicht durch mich, sondern dadurch, daß ich mich hänge an Gottes Liebe. Dieser sittliche Unterschied, der ist unaufgehoben und unaufheblich zwischen Gott und mir, er ist Liebe, ich werde im besten Falle Liebe, er ist Liebe von Ewigkeit, ich werde Liebe durch ihn; als solche durch ihn vollendete Liebe bleibe ich stets in ihm, in seiner Liebe, er giebt mir von dem Seinen und behält es doch in sich; so bin ich Liebe in seiner Liebe und so bin ich bei ihm und stets meines Unterschiedes von ihm mir bewußt. So wird die Seele sprechen, die in meiner, in ihres Gottes Liebe stehet. Und all jene Reden vieler Frommen, daß Gott alles sei, und daß alles aus Gott ausgeflossen sei und wieder in ihn zurückkehre, sind nichts; das ist nicht eine Lehre der Frömmigkeit, der Fromme weiß seinen unaufhebbaren Unterschied von Gott, — es ist ein Lehre irre gegangener menschlicher Weisheit, welche Gott erst zum Schöpfer machte und dann gedachte, der Zug menschlichen Herzens zu Gott müsse davon kommen, daß das menschliche Herz ursprünglich aus Gott und zu Gott selbst gehörig sei. Hatten die Menschen nicht Jahrhunderte lang die Lehre, die stärkeste Liebe sei die, die ein Wesen zu sich selbst habe, und so rechneten sie: Gott hat die stärkste Liebe zu uns und wir zu ihm, also ist diese wechselseitige Liebe wohl nichts als die Liebe, mit der Gott sich selbst in uns liebet. Das nannten sie die höchste Weisheit des Erkennens; ahnten sie nicht, daß Liebe nicht das Ihre sucht, sondern das, was des Andern ist, daß sie sich selbst liebet um der Anderen willen? weil sie durch ihr Dasein und Wirken Anderen helfen kann, darum liebt sie ihr Sein und Walten und erhält es und mehret seine Kräfte. So ist es auch mit der Liebe Gottes. Gott ist Liebe und Güte, er kann nicht anders als lieben; seine Liebe stehet allen offen, welche sie mit Ernst und Eifer suchen.

Aber wen liebte denn Gott und auf wen ging seine Liebe, als noch nicht Menschen waren, die nach der Kraft seiner Liebe verlangen konnten und denen er sich zuwenden mochte mit seiner Hilfe? War da Gottes Dasein nicht leer, öde, unnütz? so fragen die Menschen und glauben tiefsinnige Grübeleien vorzubringen. Solchen erwidere ohne Zaudern: Wenn blos ein Mensch auf der Erde lebte und er hätte den Gedanken der Liebe, wie jetzt, und fände blos in ihr sein Genüge, was würde er

thun? würde er nicht alles bereit in sich machen, Liebe
zu üben, sobald ein Mitmensch neben ihm erschiene?
und wenn nie einer käme, er würde darum doch bei der
Liebe bleiben und in ihr allein sein Genüge haben. So
war auch Gott, ehe Menschen erschienen, Wesen, die seiner
Liebe theilhaftig werden können. Gott wartete mit seiner
Liebe und geduldete sich und blieb darum doch dieselbe
Liebe, die er jetzt ist. Meinet ihr, er sei damals minder
selig gewesen als jetzt? Er war Liebe und Güte, das ist seine
Seligkeit, die lebendige Ruhe und der stille Friede seines
Seins. So ist er auch jetzt; er hilft allen, die sich wollen
helfen lassen, locket alle zu seiner Liebe, ist stets bereit
zu geben und sich mitzutheilen; das ist seine Seligkeit.
Diese wird nicht gemehret, wenn ein Mensch thatsächlich
eingehet in seine Liebe; sie wird nicht gemindert, wenn
ein Mensch verweigert ihm anzuhängen und sich ein
anderes vergebliches Genüge sucht. Daß er zu aller Zeit
Liebe ist, und bereit von seiner Liebeskraft mitzutheilen,
das ist seine Seligkeit. Nicht anders ist es beim Menschen.
Welcher Mensch Liebe hat und Liebe ausstreut, der hat
darin sein Genüge, ob andere es merken und anerkennen
oder nicht, ob sie an seiner Liebe sich entzünden lassen
oder nur um so mehr sich von ihm zurückziehen in ihre
dunkle Eigensucht, das ändert an seiner Liebe und seinem
Liebeswillen und Liebeüben nichts.

Was trachtet ihr Menschen stets so danach, euch die
Seligkeit Gottes zu denken wie ein bewegtes Meer,
dessen Wellen vor Wonne und Freude hoch aufschäumen?
Denket sie euch vielmehr wie ein stilles gleichmäßiges
Genügen, wie eine thätige Ruhe und eine nie rastende und
nie hastende Thätigkeit, wie einen Frieden, der nicht feiert,

sondern seine Hände unaufhörlich regt und stets bereit ist wohlzuthun und mitzutheilen in einer Geschäftigkeit, welche ihre großen und erhabenen Gesetze befolgt und durch keine Leidenschaft, keine falsche Begierde in ihrem herrlichen Thun gestört und verwirrt wird. Das ist die Seligkeit Gottes, wie sie wirklich ist; so sei euere Seligkeit auf Erden, so lange ihr im Leibe weilt.

Vierundzwanzigstes Kapitel.

Gott belehret die Seele über die Unsterblichkeit der Frommen und ihre ewige Seligkeit und warum, die der Liebe absterben auf Erden, auch für Gott todt sind.

Und die Seele gedachte, wie es mit ihr werden würde nach diesem leiblichen Leben, ob sie da auch noch Gott lieben werde oder was mit ihr werde geschehen. Und Gott tröstete die Seele und sprach: Laß dich das nicht kümmern und dir nicht bange sein. Alle Menschenseelen sind ewig ihrer Natur nach und es geht derselben keine verloren, aber die Unsterblichkeit ist das Erbtheil der Frommen. Laß dich nicht täuschen von den Reden derer, die da sagen: man muß fromm und gut sein, auch wenn man nicht unsterblich ist. Sie haben Recht, aber sie sollten sagen: man müßte fromm und gut sein, auch wenn man nicht unsterblich wäre. Denn die selige Unsterblichkeit ist nicht ein Lohn, ein besonderer, eurer Frömmigkeit, sie ist euer Schicksal, euer Loos, euer Verhängniß oder wie ihr es ausdrücken möget. Und wenn einer käme und spräche: ich will fromm und gut sein, aber ich verlange nicht nach Unsterblichkeit, so würde es ihm nichts helfen, er müßte sich finden und darein

ergeben, unsterblich zu sein, sofern er fromm und gut
gewesen ist. Wer unsterblich nicht sein will, der muß
der Frömmigkeit und Sittlichkeit verlustig gehen.
Merke, o Seele, das gehet so zu: eure Seele ist von
Ewigkeit ihrem Keime nach da, aber sie kommt nicht
zum Bewußtsein, es sei denn in einem menschlichen
Leibe; da wird sie durch die Sinneswerkzeuge, auf welche
die ganze Welt einwirkt, erreget zum Bewußtsein, zum
Empfinden, Vorstellen und Begehren, und die Mensch-
lichkeit eurer Seele zeiget sich darin, daß bei Gelegenheit
und in Beziehung auf jene ersten elementaren Aeußerungen Fühlen, Denken und Wollen sich mit hervorthut;
da treten dann die drei Hauptziele eines Lebens bald
auf und die Freiheit reget sich, mit welcher der Mensch
erwählet, was ihm das Beste und volles Genügen
scheinet. Aber auch jenes höhere Denken, Fühlen und
Wollen ist nicht da und nicht lebendig in euch, es sei
denn vorher durch den Leib die Sinnesempfindung erreget. Darüber fraget eure Weisen, die werden dir
zeigen, wie kein Denken ist ohne Sinnesempfindung und
keine Sinnesempfindung ohne Leib. Darum fragen die
Menschen mit Recht, wie wird es werden, wenn der
Leib stirbt? und sie antworten wieder mit Recht: ist der
Leib todt, so ist die Sinnesempfindung nicht mehr, und
ist die Sinnesempfindung weg, wie soll da die Seele
denken? und so sprechen sie weiter: der Keim meiner
Seele mag bleiben und unvergänglich sein, aber ohne
Sinnesempfindung ist sein Bewußtsein so gut wie nicht,
die Seele fühlet nicht, denkt nicht, will nicht, sie ist keine
Seele mehr. Sie ist zwar nicht verschwunden aus dem
Bereich der Dinge, aber sie ist gestorben und als Seele

dahin. Solche Reden der Menschen wären wahr und
ohne Fehler, wenn nichts die einmal entwickelte Seele
zu erregen im Stande wäre, als der lebendige Leib, der
mit ihr geeint ist. Aber dem ist nicht so. Die fromme
Seele, welche in der ächten Menschenliebe und Gottesliebe stehet, die ist empfänglich geworden der Erregung
durch mich, auch wenn sie aus dem Leibe geschieden ist.
Eine Seele, die im irdischen Leben sich nicht die Menschenliebe erwählet als ihr Gut, und von ihr aus zu
mir geflüchtet ist, um ganze und volle Liebe zu werden,
eine solche Seele ist meiner Einwirkung unempfänglich.
Stirbt sie, d. h. scheidet sie vom Leibe, so hat sie die
Erregungen des Leibes nicht mehr und meiner Erregungen ist sie nicht empfänglich; daher ist sie todt, hat kein
Bewußtsein, keine Freude, keine Lebendigkeit mehr, aber
auch kein Leid, keine Qual. Daß sie todt ist vor Gott
und in ihm, das ist ihr Gericht. Das spricht nicht Gott
über sie, das fället sie selber. Gott quälet Niemand mit
Strafen und Leiden, er ist Liebe, die sich anbietet. Wer
ihn verschmähet, den zwinget er nicht, er gehet ihm nach
in Liebe, so lange noch ein Athemzug in ihm und ein
Gefühl lebendig ist in seinem Herzen. Ist der Mensch
todt, so bleibet die Liebe Gottes auch nahe der Seele,
aber diese hat sich alles dessen beraubt, wodurch man
die Stimme Gottes hören und den Ruf seiner Liebe
vernehmen kann. Das ist der ewige Tod, der Tod der
Seele vor Gott. Wer für die Menschenliebe taub und
todt sich gemacht hat, der kann nicht leben in Gott.
Der Fromme, der ist anders. Seine Seele war lebendig
in der Liebe Gottes und der Menschen. Eins schwindet
ihm mit dem Tode; sein Leib war ihm eine Fülle von

Werkzeugen, durch welche er die Liebe seiner Seele in Kraft der Liebe Gottes gegen die Menschen bethätigte. Dies vermag er nicht mehr; er kann nicht mehr wirken durch den Leib, das ist dahin. Er kann auch durch den Leib nicht mehr erregt werden zum Bewußtsein dessen, was er sich von Gedanken, Gefühlen und Willen als das Eigenthum seines innersten Herzens in Bezug auf die Welt erworben hat. Wäre sonst nichts, was ihn zu erregen vermöchte, so würde er todt sein, gleich dem, welcher den Keim der Liebe völlig in sich ertödtet hat. Aber der Fromme hat die Liebe der Menschen in Kraft der Liebe Gottes in sich, das ist der Schatz seines Herzens, der Mittelpunkt seines Lebens geworden. Diese kräftige Liebe Gottes im menschlichen Herzen, die erreget Gott schon in diesem Leben nicht durch die Sinne, nicht durch die Welt, sondern unmittelbar durch sich. Dieser Erregung durch Gott bleibet die Seele empfänglich auch nach der Abscheidung vom Leibe. Vor ihrem Leben im Leibe war sie der Erregung durch Gott nicht empfänglich, da hatte sie wohl die Anlage durch Liebe zu den Menschen zur Liebe Gottes zu kommen, aber diese Anlage war noch behaftet mit der Möglichkeit, daß sie auch nicht entwickelt werde. Im menschlichen Leibe, da hat es sich entschieden, ob die Seele die Anlage zur Menschen- und Gottesliebe in sich herausbilden will zu ihrem wahren und eigentlichen Wesen. Wo Gottesliebe die Seele ergriffen hat, da lässet sie dieselbe nimmer los, die Seele hat nicht Gott erfaßt für heute und morgen, weil sie ihn gerade nöthig hatte, und dann lässet sie ihn fahren, weil sie ihn nimmer braucht. Die Seele hat sich die Liebe erwählet und so ist sie zu Gott hindurchgedrungen als der Kraft der Liebe und hat sich gehängt an diese Kraft ganz und gar. Wenn sie daher nicht mehr im Leibe ist, so bleibt sie gleichwohl Gott und seiner Kraft zugehörig und in ihn eingepflanzt, und Gottes Liebe erreget sie, und so ist sie sich ihrer bewußt und fühlet sich als in Gott und ihn liebend als das einzige Gut ihres Herzens und Seins. Und fühlet ihn nicht blos, sie denkt ihn und will ihn, ganz und voll, wie sie ihn im irdischen Leben gedacht und gewollt hat. Das ist der Seele ewiges Leben in Gott. Nicht mehr wirket sie Werke der Liebe außer sich an den Menschen, es fehlen ihr die Mittel solcher Wirksamkeit, ihr irdischer Leib, sie lebet ganz in der Liebe, durch die sie auf Erden selber kräftig gewesen ist, in der Liebe Gottes und freuet sich der vielen anderen Seelen, welche ihr gleich in der Liebe Gottes und von derselben erreget ewiglich bei und in Gott leben und volles Genüge haben. Das ist ihre Seligkeit. Und wenn du ein Bild willst, diese Seligkeit schon jetzt dir anschaulich zu machen, so ist die Liebe Gottes dort wie eine herrliche Musik, welche dahin braust, und die Seelen horchen auf sie und sind ergriffen von ihr; kein anderer Gedanke, kein anderes Gefühl hat Raum in ihnen, sie sind entnommen allem und versetzt in das Eine, und es ist da nicht, wie bei euch Menschen, wo Leib und Seele bald ermatten und erlahmen und sich nach Ruhe oder Abwechselung sehnen, sondern es bleibet die gleiche Lebendigkeit des Ergriffenseins von Gott immer und ewig. Oder wenn du ein ander Bild haben willst, was nicht so sehr die Mächtigkeit als die Innigkeit des ewigen Lebens vergegenwärtigt, so denke an die Unermüdlichkeit treuer Liebe auf Erden, wie sie

sorgt und sich mühet Tag und Nacht, wie es ihr nie
schaal und langweilig wird Liebe und immer Liebe zu
üben, und wie ihr ganzes Leben, wenn sie auf dasselbe
zurückblickt, ihr erscheint wie eine kurze Stunde der
Thätigkeit; so ist die Innigkeit des Bewußtseins im
ewigen Leben. Mit dem menschlichen irdischen Leben
verglichen, dehnt es sich hin in eine endlose Dauer, in
Millionen und aber Millionen von Jahren, Tagen,
Stunden, Minuten, aber vor den seligen Geistern selbst
ist es wie ein einziger gegenwärtiger Augenblick. Auch
darfst du dir den Uebergang von der Zeit in die Ewigkeit nicht denken wie einen großen Sprung, wie eine
gewaltige Erschütterung des geistigen Lebens. Es gehet
keiner ein in diese selige Ewigkeit, er habe sie denn
bereits hienieden in sich; sie ist eine Fortsetzung dessen,
was schon im Menschen gewesen sein muß, damit es in
der reinen Seele auch sein kann. Wer nichts vom göttlichen Leben auf der Erde erworben hat, also daß er in
Gott lebet und Gott in ihm, der hat keinen Theil an
der Seligkeit. Seine Seele ist zwar unvergänglich, wie
alle ursprünglichen Elemente und Keime, aber er hat
nichts, was sie zum Bewußtsein erwecke. Sein Leib ist
todt, seine Seele ist todt für Gott. Und das göttliche
Leben erwirbet man nicht durch bloße Gedanken und
Phantasieen; es mag sich Jemand den Himmel noch so
oft ausgemalt haben, und an Gott geglaubt haben, wie
es die Menschen nennen, — wenn er nicht die Liebe der
Menschen erwählet und von ihr, um sie ganz zu üben,
zur Liebe Gottes ist getrieben worden und in der Kraft
dieser Liebe Gottes Menschenliebe geübt hat, so hat er
keinen Theil an Gott. Der innerste Wille des Herzens,

das innerste Fühlen und Denken muß Menschenliebe
und Gottesliebe geworden sein, anders lebet der Mensch
nicht in Gott und Gott nicht in ihm. Wer aber das
Fünklein solcher Liebe nicht hat erlöschen lassen, wiederum
nicht in seiner Phantasie und Einbildung der Gedanken,
sondern in That und Wahrheit, in thätiger Wirksamkeit
und getrieben von innen aus, den lässet Gott nicht sich
nehmen, der gehöret ihm; wie die Sterne am Himmel
alle Platz haben, wiewohl die einen heller scheinen als
die anderen, so haben alle Seelen, welche Menschenliebe
erwählt und geübt haben in der Kraft der Liebe Gottes,
ewig Raum am Herzen Gottes, ob sie gleich verschieden
gewesen sind in der Entwicklung und dem Grad ihrer
Liebe. Denn dem einen Menschen ist es leichter gemacht
durch seine natürliche Beschaffenheit, die Liebe sich zu
erwählen, als dem anderen, der eine hat mehr natürliche
Gaben sein Liebeswerk an der Menschheit groß und
bedeutend zu gestalten, während andere in stiller Ver-
borgenheit in gleichem Sinne wirken. Solche Unter-
schiede machen auf Erden unter den Menschen viel aus,
Gott aber siehet das Herz an.

Fünfundzwanzigstes Kapitel.

Gott belehret die Seele über die späten Be-
kehrungen und die Bekehrung in der
Todesstunde, und tröstet sie über die, welche
als Kinder sterben oder zeitlebens kranken
Geistes gewesen.

Und die Seele fragte: Herr, wenn sich einer nach
vielen Verirrungen des Lebens oder gar im letzten Augen-

blick deſſelben bekehret, wirſt bu ba noch das höhere Leben
in ihm entzünden zur ewigen Flamme, ober flackert es
blos auf, um wieberum unterzuſinken in Dunkel und
Finſterniß. Und ber Herr antwortete und ſprach: Niemanb wirb ſich nach vielen, langen unb ſchweren Verirrungen zu mir zurück finden, er ſei benn ſtets nie
ganz von mir weggeweſen. Dies verſtehe ſo: Es giebt
Menſchen, benen es ſehr ſchwer wirb vermöge ihrer ſtarken
unb heftigen ſinnlichen Begierben ober ihrer verzehrenden
Leidenſchaften ſich zu mir hinburchzureißen, ſo ſehr ich
mich ihnen anbiete zur Hilfe. Das ſinb bie Naturen, welche
lange ſchwanken zwiſchen Geiſt unb Fleiſch, benen aber
ber Geiſt nie verloren gehet; er ſchwebt ihnen ſtets vor
als bas Wahre, nur wiſſen ſie nicht, wie ſie ſich zu ihm
hinburchwinben ſollen. Solche Naturen gehen ſcheinbar
unter unb im Untergehen kommen ſie zur Auferſtehung;
ſie lernen bie Nichtigkeit der blos irbiſchen Lebensziele
unb von Ekel ergriffen ſtürzen ſie um ſo eifriger unb
entſchiebener zu bem ächten Lebensziele hin. Aber bas
iſt kein Spiel; Niemanb betrüge ſich ſelbſt unb ſpreche
bei ſich: Ich bin eine ſolche Natur, bie nicht wirb verloren gehen, bie burch Verirrungen um ſo gewiſſer zum
Ziele hinburchbringt. Wohl können ſolche Naturen
noch gerettet werben, aber unter ſchweren unb furchtbaren
Kämpfen; benn bie Sünde iſt kein Schatten, kein Traum,
ſie iſt eine Gewalt von ſchrecklicher Kraft; Sinnlichkeit
unb geiſtige Leidenſchaft nutzen ſich nicht ab burch ben
Gebrauch, ſo baß ſie von ſelbſt abfielen unb ben beſſeren
Theil der Seele allein übrig ließen. Die Begierben unb
Leidenſchaften, wenn bie Seele ihnen zuſtimmt, prägen
ſich ihr tief ein; bas brennende Verlangen, bie ungeſtillte

Evangelium b. a. Seele.   9

Wuth der Begierden und Leidenschaften tobt noch fort,
selbst wenn das Vermögen ihrer Befriedigung erstorben
wäre. Darum selig der Mensch, der sich frühe überwindet; er wird nicht blos innig und ernst, sondern auch
reiner und klarer die Liebe Gottes und der Menschen
verstehen lernen. Und ob der Mensch, der in Verirrungen
lange dahinging, sich wird heraus finden, ob er die Liebe
Gottes ergreifen wird, wie er muß, um mit Kraft zu
überwinden, das wird von Tag zu Tag zweifelhafter für
ihn. Aber selbst in der Todesstunde ist Niemand von
der Bekehrung ausgeschlossen, aber die bloße Todesangst
ist eine schlechte Brücke zu Gott, dem Gott der lebendigen
Liebe. Denn nicht das Leben ist das Wahre und Höchste,
sondern die thätige Liebe, und diese Liebe ist lebendig,
weil Gott, aus dem ihr sie wahrhaft schöpfet, ewig
lebendig ist. Wer Gott liebet, damit er lebe, der liebt
nicht Gott, sondern sein Leben; das ist nicht die Liebe,
durch die man zu Gott kommt. Die Liebe liebet Gott, weil
er die wahre und volle Liebe für euch ist; sie fraget nicht,
ob sie durch diese Liebe Gottes ewig leben werde; ihr
ist genug, daß sie durch Gott, was sie lebt, wahrhaft
und mit Genügen am Leben lebt; aber sie erkennet, daß
die, welche in der Liebe Gottes stehen, auch ewig in
derselben mit Bewußtsein und beständigem Genügen stehen
werden. Sie glaubet an ihre Unsterblichkeit, nicht weil
sie dieselbe wünscht, sondern weil sie findet, daß sie sein
wird, und sie freut sich derselben, nicht weil es Leben ist,
sondern weil es Leben in Gott, in der ewigen Liebe ist.
Die natürliche Angst vor dem Tode ist so ein schlechter
Führer zu Gott. Auch tröstet sich der Fromme nicht der
Unsterblichkeit, weil er die ihm auf Erden versagten Ge-

nüſſe dort reichlich erſetzt zu bekommen hofft; ſolche Gebanken liegen ihm fern; er iſt ausgeſöhnt ſchon auf
Erden mit allen Schickſalen, denn ſie alle nehmen ihm
das Eine nicht, was ihm werth und theuer iſt, ſie alle
bieten ihm Gelegenheit Liebe zu üben in Kraft der
Liebe Gottes.

Und die Seele ſprach: Herr, verſtehe ich dich recht?
gehöret nicht, will man zu dir kommen, klare Einſicht
in die Ziele des Lebens zu den Erforderniſſen? wie wird
es da ſein mit den Kindern, welche ſterben, ehe ſie zu
dieſem Bewußtſein gelangt ſind, und mit den Unglücklichen, welche, kranken und düſteren Geiſtes von Kindheit an, nie zu ſolcher Selbſtentſcheidung gelangen? Und
der Herr antwortete und ſprach: Du haſt recht erkannt;
meine Liebe dränget ſich Niemand auf, er habe denn die
Kraft mich zu ergreifen. Solche Kinder und ſolche Unglückliche ſind wie die Weſen, welche da ſind in un-
endlicher Zahl, die meiner Liebe nicht zugänglich ſind.
Dieſe können keinen Theil an mir gewinnen, denn meine
Liebe liebt, aber ſie zaubert nicht; ihr ſeid nicht der Thon,
aus welchem ich als Töpfer Gefäße bilde, wie ich will;
ihr ſeid Geiſter, welche ihre Schwäche erkennend mich
anrufen in ihrer ſittlichen Noth und denen ich helfe, wenn
ſie mich recht anrufen. Wer nicht ſolcher Geiſt iſt, der
kann nicht zu mir kommen, er vergehet als Geiſt, aber
er iſt nicht unſelig, nicht verdammt. Er verliert nichts
an Seligkeit, denn er hat ſie nie gekannt, nie gewußt.
Darum braucht ihr euch um deren Heil oder Unheil nicht
zu ängſtigen, aber kümmern um ſie und ſorgen für ſie
müßt ihr um ſo mehr. Die Kinder ſind eurer Fürſorge
zarteſte Gegenſtände, es handelt ſich nicht blos darum,

9*

sie als Menschen im Leben zu erhalten, sondern dadurch
ihnen auch die Möglichkeit zu geben, einst ihre Herzen
der göttlichen Liebe zu erschließen. Darum sollt ihr euch
ihrer annehmen, auf daß sie zu mir kommen, und wehe
dem, welcher durch Nachlässigkeit dem wehret; er hat keine
Liebe in seinem Herzen. Der unglücklichen Geisteskranken
sollt ihr euch gleichfalls mit besondrer Treue und Fürsorge annehmen, ob es euch etwa gelinge sie zu heilen;
wer einen heilet, der hat eine Seele der Möglichkeit zum
Himmel einzugehen gewonnen. Und wo es nicht gelinget,
so sollt ihr eure Liebe bei ihnen sein lassen bis ans
Ende; denn da sie nicht Liebe üben können, so sollt ihr
um so mehr sie an ihnen üben und so vielleicht das Gefühl in ihnen wecken, Liebe sei das höchste Gut der
Menschen.

Sechsundzwanzigstes Kapitel.

Gott zeiget der Seele, daß alle Menschen zu ihm kommen können und seine Gnade für alle bereit ist.

Und die Seele betete an vor dem Herrn und sprach:
Herr, mein Gott, ich erkenne, wie du alles zur Liebe
wendest; mache mich nur noch klar über wenige Punkte,
wo ich nicht Sicherheit und Gewißheit aus mir selbst zu
fassen wage. Können alle Menschen zu der Erkenntniß
von dir kommen und dazu, daß sie einsehen, wie du
Liebe bist und wie die Menschenliebe in Kraft deiner
Liebe das einzige Gut ist? Und der Herr antwortete

der Seele und sprach: Seele, wie zweifelst du daran?
Zwar machet nicht euer Leib es aus, daß ihr ganze und
volle Menschen seid, und wenn ihr je Wesen fändet, die
euren Leib hätten und wie Menschen gestaltet wären,
aber sie hätten nichts von der Einsicht in die verschiedenen
Ziele des Lebens, und es wäre ihnen diese Einsicht nicht
zu erwecken in keinerlei Weise, und diese eure Erfahrung
wäre gewiß und untrüglich und nicht von habsüchtigen
und raublustigen Menschen erfunden und erlogen, — so
würdet ihr von da an einen Unterschied machen zwischen
Menschen mit der Anlage für Sittlichkeit und Frömmigkeit und solchen, welche diesen Menschen äußerlich gleich
sind und innerlich ganz unähnlich. Aber wer giebt euch
die Befugniß, auch nur entfernt anzunehmen, daß auf
eurer Erde so etwas ist? Habt ihr nicht alle Winkel
derselben mehr oder minder durchforscht, und könnet ihr
nicht von dem, was ihr wisset, wahrscheinliche Schlüsse
machen auf das noch nicht von euch selbst Durchforschte.
Habt ihr nicht überall gefunden neben den Trieben der
Begierden und Leidenschaften, wie sie auch in euch sind,
einen Sinn für Liebe gegen die Mitmenschen, nicht sofort
gegen die Menschheit, sondern gegen den Kreis, in welchem
sie geboren und aufgewachsen ihr Dasein haben, und habt
ihr nicht gefunden allerlei Aberglauben, wie ihr es nennt
und wie es in der That ist, welcher redet von höheren
Mächten, welche über den Menschen walten und ihnen
Gutes und Uebles senden, und habt ihr nicht sogar
gefunden, daß die meisten Völker diese höheren Wesen
scheiden in solche, welche gut sind, und in solche, welche
mißgünstig gesinnt sind; und wenn sie auch die guten
Geister nicht soviel verehren, so halten sie dieselben doch

höher als die bösen und trauen ihnen zu, daß sie gut
sind und Gutes thun, selbst wenn sie nicht besonders
darum angegangen werden. Schaust du da nicht mehr
Keime wahrer Sittlichkeit und wahrer Frömmigkeit, als
du bisher je solchen Völkern zugetraut hast? Was seid
ihr so blind in euren nächsten Meinungen befangen,
welche selbst nicht ohne viele Irrthümer sind. Wahrlich,
wahrlich ich sage dir: an keinem von den Menschen,
welche auf dem Angesicht der Erde wandeln, sollst du
verzweifeln und verzagen, ihn zur Menschen- und Gottesliebe zu bringen. Die Liebe zu mir kann allgemein
werden auf der ganzen Erde und kann erkannt werden
von allen als das einzig wahre Gut der Menschheit. —

Und die Seele sprach: Herr, Herr, aber wenn mir
Jemand erwidert: ich habe versucht es zu machen, wie
du gesagt hast, aber ich habe von Gott und göttlicher
Liebe und Gnade nichts in mir verspüret. Es ist eine
Täuschung und ein Betrug, den du dir selber vormachst,
oder es ist das eine Erfahrung und eine Erlebung,
welche für dich bestimmt und geeignet war, es aber nicht
ist für mich und für viele Andere. — Was soll ich erwidern
auf solche Rede? Und der Herr antwortete der Seele
und sprach: Erwidere ihm kühn und zuversichtlich und
doch einfach und in aller Demuth: Mein Bruder, sage
mir, wie du es angefangen hast zu Gott zu kommen
und verschweige mir nichts. Beschreibe mir, wie du dir
die Menschenliebe vorstellst, wie du die Gottesliebe als
lebendige ewige Liebe denkst; vertraue mir, wie du gebetet und gerungen hast um Gottes Beistand; und wenn
er dir all sein Herz über diese Dinge erschließt, und du
findest, daß es so ist, wie es sein muß, um hindurchzu-

bringen, so tröste ihn und sprich: Mein Bruder, harre aus noch eine Weile, laß dich nicht irren, denke, selbst wenn dein Herz öde bleibt und deine Kraft schwach, Liebe zu den Menschen ist das Beste und das einzige Gut, an ihr will ich festhalten und mit Gott will ich es versuchen fort und fort, — und wenn er es dann thut, dann sei getrost, er kann mich nicht verfehlen, er wird meiner Hilfe und meiner Wirksamkeit gewiß werden, wo er es am wenigsten denkt; ein treues Herz findet Gott getreu. So aber wirst du es selten finden, o Seele, wie es eben ist beschrieben worden; meist wirst du es so treffen, daß die Menschen Gott noch nicht gefunden haben, weil sie ihn da gesucht haben, wo er nicht ist, oder ihm auf einem Wege nachgegangen sind, der nicht zu ihm führt. Solche unterweise in Geduld und Ausdauer von Neuem. Die aber, welche sich dir nicht erschließen wollen, sondern die da sprechen: es muß dir genug sein, wenn ich dir sage, daß ich Gott gesucht habe und nicht gefunden, wäre er für alle Menschen zu finden, so sei versichert, ich hätte ihn längst gefunden, — solchen kannst du zunächst nicht helfen, sie sind noch stolz und eigensinnig, es ist ihnen nicht um Liebe, sondern um sich selbst und ihre Rechtfertigung zu thun, aber ihr Wort hat keinen Werth. Denn wer Gott kennet, der weiß, daß er die Liebe ist, die immer offen stehet für alle, die sie mit Fleiß und mit Eifer suchen.

Siebenundzwanzigstes Kapitel.

Ein furchtbarer Zweifel erhebt sich, der Seele
die Worte Gottes zu entreißen, aber Gott
führet die Seele dazu, ihn durch ihre
eigene Ueberlegung zu überwinden. —

Und die Seele sann lange nach in sich über alle Worte,
die Gott zu ihr geredet hatte, und sie waren ihr wie heil-
same Tröstungen über all ihre Zweifel; aber noch ver-
stummten diese nicht, sondern regten sich in der Tiefe mit
unheimlicher Gewalt und zuletzt traten sie hervor mit
lautem Lärmen und überstürmten die Seele, also daß sie
gepreßt und beklommen seufzte und nicht wußte, wie ihr
geschah. Da hub sie an ein großes Stöhnen zu dem
Herrn, ihrem Gott, und ein bitteres Weinen und sprach:
ach, Herr, Herr, wie ist mir bange mit der größten
Bangigkeit. Nur du kannst mich von ihr erlösen und
doch weiß ich nicht, wie der Zweifel, welcher mich
erfaßt hat, nicht auch dagegen sich erheben wird, daß du
mich von ihm erlösest. Denn siehe, Herr, dieser Zweifel
ist gar erschrecklich und seltsam. Er spricht zu mir: Du
hast, o Seele, in deiner Tiefe das Wort Gottes ver-
nommen, es hat dich getröstet und all dein Sehnen gestillet; aber woher weißt du so gewiß, daß es Gott selber
ist, der zu dir spricht? könntest du nicht deine Einbildungen für Gottes Wort selber halten? haben nicht un-
zählige Menschen gemeint, Gott habe zu ihnen gesprochen,
die du und all deine Umgebung nicht für Propheten hält,
mit denen Gott geredet, sondern für Leute, die sich selbst
betrogen haben in bester Meinung? Wie willst du das

wahre Wort Gottes unterscheiden vom falschen, die Einbildungen, die leeren, des menschlichen Herzens von den
klaren Mittheilungen und Erregungen des göttlichen
Geistes? — Und der Herr antwortete der Seele und
sprach: Seele, darauf gebe ich dir keine Auskunft. Prüfe
dich selbst und siehe zu, ob du nicht bereits aus dir selber
jenem Zweifel, den du so furchtbar schilderst, den Mund
zu schließen im Stande bist, so daß er sich schämt und
verstummt. Wohl mußt du stets dich fragen: ist ein
Wort, welches mir als Gottes Wort sich bietet, wirklich
und wahrhaftig von Gott, oder ist es eine Einbildung,
daß es vom Herrn sei; aber der Zweifel, ob es Worte
Gottes gäbe, ist ein nichtiger Wahn.

Und die Seele faßte Muth bei solch liebereichem Zu-
spruch Gottes, und sie sammelte all ihr Nachdenken und
gedachte so: daß du, o Seele, die Liebe für das beste
und für das einzige Gut erkennest, des bist du gewiß.
Daß du deine Schwachheit zu der Völligkeit solcher Liebe
einsiehest, des bist du nicht minder gewiß. Daß dir der
Gedanke kam eines Gottes als einer lebendigen und
bewußten Kraft der Liebe, durch den du aus der Schwachheit zur Kräftigkeit kommen könnest, auch das weißt du.
Daß vor dem Gott der Liebe nicht bestehen die Meinungen der Menschen, er sei Schöpfer und Regent der
Welt, darüber bist du nicht im geringsten im Zweifel.
Daß du Kraft zur Liebe aus der göttlichen Liebe nimmst,
Gnade um Gnade, daß du durch Gottes Liebe bist um-
gewandelt worden und täglich erneuert wirst zum Bilde
Gottes, dessen bist du so gewiß wie deines eigenen Seins;
denn dein Sein ist nicht mehr trennbar von der Liebe
Gottes und der Menschen. Daß die Liebe Gottes ewig ist

und du ewig in ihr lebendig sein kannst, das siehest du
klärlich. Wohlan, o Thörin; woran zweifelst du noch?
Hat Gott Worte zu dir geredet, welche anderen Sinnes
wären, als was du selbst als gewiß und sicher erkennen
mußt, sobald du dich besinnest auf den Inhalt deines
Geistes und Lebens? Hat er dir nicht alles bestätigt und
versiegelt mit seinem Worte, das er in dir zu dir selber geredet
hat. O Seele, verbanne deine eigene Schwachheit! Weil
alle diese Lehren so sehr abweichen in Vielem von dem,
was die Menschen um dich glauben von Gott und göttlichen
Dingen zu wissen, weil du selbst vielfach anders in deiner
Jugend bist gelehrt worden, weil du nur allmälich und
unter tausend bangen Fragen und schweren Kämpfen dich
hindurchgerungen hast zur reinen göttlichen Wahrheit,
darum willst du diese Wahrheit immer noch nicht als solche
ganz und ohne Rückhalt umfassen. Weil du so allein
bist mit deiner Erkenntniß und dem Worte Gottes an
dich, darum taucht der Zweifel in dir auf. Blicke hin
auf die Menschen, die unter sich übereinstimmen; siehst
du nicht, daß sie einig sind mit dir in einem Theil und
daß du abweichst von ihnen in einem andern? aber siehst
du nicht auch, daß deine Abweichung von ihnen wahr und
recht ist? Nach ihnen ist Gott die Liebe, das ist er, aber
wie haben sie Gott als die Liebe gedacht? Entweder haben
sie aus der Liebe die Vollkommenheit gemacht, welche
alles kann, alles in sich trägt, Gutes und Böses, Liebe
und Haß, und so haben sie aus einem Gott der Liebe
einen Gott gemacht, der Liebe und Unliebe ist, und nur um
Gott als Schöpfer zu behalten, die Wahrheit Gottes
verdorben und verkehrt. Oder sie denken Gott wie eine
große Kraft, welche es treibt sich auszugestalten in der Welt,

oder wie einen Künstler, welcher den Weltgedanken in sich trägt, und den es drängt ihn außer sich in eigener Wirklichkeit der Welt auszuführen. Beides ist nicht die Liebe, wie Gott sie ist, beides ist der Trieb, wie er in den Dingen der Natur sich zeiget und Gutes und Böses gleich sehr auswirket. Die Liebe muß fragen: ist es gut, das zu thun, wozu mein natürliches Verlangen mich führet? so fraget die menschliche Liebe, weil sie nicht blos Liebe ist. So kann Gott nicht fragen; denn er ist lauter Liebe, nichts als Liebe, als solche Liebe kennest du ihn. Und weißt du nicht, wie die großen Weisen es machen und die Frommen. Sie sagen, die Welt und alles in ihr muß gut sein, denn es ist von Gott und Gott ist nichts als Güte und Liebe; aber dabei bekennen die Weisen, sie vermöchten nicht die Welt selbst ihren großen Zügen nach als solcher Liebe Gottes Abbild zu erkennen, und so schließen sie mit Entsagung; und die Frommen sprechen, alle eure Zweifel werfet auf den Herrn; was jetzt Dunkel ist, wird einst Licht werden, die Weisheit Gottes wird sich herrlich enthüllen am Ende der Tage und in der Ewigkeit. Und was sagst du und erkennst es als göttliche Wahrheit? du sagst, Gott ist die Liebe, aber eben weil er durch und durch Liebe ist', ist er nicht Schöpfer. Die Liebe, als die wir Gott kennen, verbietet uns ihn als Schöpfer zu denken, als welchen wir ihn nie erkennen und nie erkannt haben. Alle Beweise, daß Gott Schöpfer oder Welturfache sei, sind sie nicht längst erwiesen als null und nichtig? aber daß Gott ist und Liebe ist, das ist in den Herzen lebendig und Jedermann kann sich davon Gewißheit verschaffen. Aber diese Liebe, welche Gott ist, sie führet nicht dazu hin, daß er auch Schöpfer sei, sie

machet es unmöglich dies auch nur einzubilden. Also
was ist es, daß du verzagest über deine Gedanken, welches
hier die Gedanken Gottes selber sind. Du kennest, was
man fälschlich zusammenzuzwingen gemeint hat; du
sonderst, was nie vereint war, was kein Verstand
der Verständigen, keine Frömmigkeit der Frommen je
zum Frieden brachte. Du sprichst aus, was Millionen
dunkel vorschwebte, für das sie nur das rechte Wort nicht
fanden. Darum scheue dich nicht, sprich dich aus, aber
ganz und vollständig, alles, was dich erfüllet über Religion, das trage unter die Menschen; was du so lange
im stillen Herzen geborgen, das verkündige auf den
Straßen; denn es ist Wahrheit, leichte faßliche, klare
Wahrheit. Also sprach die Seele zu sich selber und ward
befestigt in sich.

Achtundzwanzigstes Kapitel.

Die Seele bezeichnet die Einigkeit und den
Unterschied der neuen Lehre und der bis-
herigen großen Religionen; Gott giebt ihr
den wahren Maaßstab für die Beurtheilung
einer Religion, welcher ein ganz anderer
ist, als die Menschen annehmen.

Und die Seele betete an und sprach: Herr, mein
Gott, du weißt es, daß ich nicht muthwillig und aus
Eitelkeit, etwas Besonderes zu wissen, zu all diesen Lehren
gekommen bin, und da es dein Wille ist, so will ich es
tragen, einsam und allein meine Stimme zu erheben und
von dir zu zeugen, wie du wahrhaftig bist und den

Menschen dich offenbarest von Angesicht zu Angesicht. Ich
weiß ja auch, Herr, daß ich nicht so allein bin, wie ich mir
in der ersten Bangigkeit vorkomme. Denn mit dem Christenthum, in dem ich geboren bin und auferzogen, hat die Lehre,
in der du mich bestätigt hast, mein Herr und mein Gott,
starke Berührungspunkte. Ruht nicht die Ueberzeugung
von der Wahrheit der christlichen Religion nach Christus
gleichfalls auf einem Probiren und Erfahren? wer den
Willen seines Vaters thut, der soll inne werden, ob seine
Lehre von Gott sei oder ob er von sich selbst rede. Die
Religion erschließt sich nach Christus blos denen, welche
sittlich sein wollen und es nicht durch sich fertig bringen.
Darum werden die Armen an Geist, die da hungert und
dürstet nach der Gerechtigkeit, selig gepriesen; die reinen
Herzens sind, die sollen Gott schauen; die Mühseligen
und Beladenen, nicht die Eigengerechten ruft Christus
zu sich. Unsere Gottesliebe ist nach dem Christenthum
nie wahr ohne Liebe zu unsern Brüdern; wer seinen
Bruder nicht liebet, sagt es, wie kann der Gott lieben?
nur unsere Bruderliebe ist ihm das Maaß unserer Gottesliebe. Diese Menschenliebe selbst ist ihm eine aufopfernde,
den Anderen dienende. Nicht den Nächsten lieben als uns
selbst ist die eigenthümliche Formel des Christenthums,
sondern den Nächsten lieben, wie ihn Christus geliebt
hat; er aber hat geliebt dienend und sein Leben ein-
setzend. So sehe ich, Herr, mit dem Sinne und Grundgedanken des Christenthums ist eins die Lehre, die du
mir gewiesen hast; aber mit den anderen Lehren des
Christenthums und aller Religionen verträgt sie sich nicht;
denn alle Religionen haben zum obersten Satz, daß du
bist Schöpfer und Erhalter der Welt, und die neue Lehre

sagt: Gott ist Beseliger der menschlichen Geister, derer,
die Liebe zu ihren Mitmenschen sich erwählen als ihres
Lebens Ziel und sich zu ihm wenden, um in solcher Liebe
tüchtig zu werden. Und haben nicht alle Stifter aller
Religionen sich auf deine Offenbarung berufen, in deinem
Namen ihre Sätze den Menschen verkündet, in deinem
Namen Wunder und Zeichen gethan, und was bin ich, arme
Seele, gegen diese alle? stürzen nicht ihre Offenbarungen,
wenn sie wahr sind, die neue um, und wenn sie nicht
wahr sind, wie kann man glauben, daß die neue wahr
ist, die keine Wunder, keine Zeichen, keine Geschichte für
sich zu Zeugen aufrufen kann?

Und der Herr antwortete der Seele und sprach: Fürchte
dich nicht, o Seele, und erschrick nicht; vernimm, wie du
denken sollst über alle Religionen bis jetzt und um dich,
wenn du richtig über sie denken willst. Ihr machet euch
stets verkehrte Gedanken über diese Religionen, ihr suchet
die Größe einer Religion, wo sie nicht liegt, die Schwächen
da, wo sie nicht sind. Ihr meinet, auf die Vorstellungen von Gott, ob man sich Einen Gott denke, ob
viele, darauf komme es an; ob man sich ihn als reinen
Geist oder als körperlich vorstelle, das sei der Hauptunterschied. Ihr täuschet euch darin; es ist euer Maß
der Beurtheilung, es ist aber nicht Gottes Maß. Gottes
Maß ist, wieviel Liebe eine Religion angethan ist zu
erwecken in ihren Bekennern. Gott fragt: ist die Liebe zu
den Mitmenschen der Haupt- und Grundsatz derselben,
und weiset sie auf Gott als den großen Fürsten der
Liebe, um den sich alle schaaren sollen, auf daß sie durch
ihn und in seiner Kraft Liebe üben und in dieser Liebe
ewiglich stehen. Das ist das Wesentliche und Erste einer

Religion; und wer von diesen Gedanken erfüllt war
und auftrat unter den Menschen und sie verkündete, der
ist ein wahrer und ächter Prophet von mir gewesen,
und wenn auch noch soviele Irrthümer in seinen sonstigen
Vorstellungen über mich mit untergelaufen wären. Er
hatte ein Herz, das das Fünklein der Liebe an mir zur
Flamme genährt hatte, die Millionen seiner Brüder Licht
und Wärme mitzutheilen vermochte, fortwirkend in seinen
Jüngern und deren Jüngern von Geschlecht zu Geschlecht.
Was irrthümlich ist an seinen Lehren, das stammte nicht
aus seinem Herzen und nicht von mir, sondern aus seinem
Verstande, wie er von Natur vorwiegend beschaffen war
und vom Verstande seines Volkes und seiner Vorfahren,
von denen er sich nicht loszuwinden vermochte, oder,
wenn er es seiner Einsicht nach vermocht hätte, es nicht
aufkommen ließ aus unrichtig gewendeter Liebe, um nicht
alles, was seine Väter geglaubt und gehofft hatten, als
falsch hinzustellen. Wahrlich, wahrlich ich sage euch: wenn
einer die Liebe zu den Menschen in Kraft der Liebe
Gottes rein und klar erfaßt, in seinem Leben bewährt
und die Menschen gelehrt hätte, und er hätte dabei viele
wunderliche Vorstellungen herübergenommen oder sich er-
dacht, er würde groß sein im Himmelreich und ein gewal-
tiger Prophet des Höchsten genannt werden; und wenn
er selbst gelehrt hätte, wie die Liebe zu den Menschen
sich in viele Stücke theilet und in viele Tugenden, so gäbe
es für jede Tugend einen besonderen Gott, an den man
sich wenden müsse, um beständig die Kraft aus der Höhe
von ihm zu empfangen, was wäre das groß Schade?
die Vorstellung seines Denkens von Gott wäre nicht richtig,
aber der Gedanke seines Herzens, daß alle Tugenden

müssen geübt werden und in göttlicher Kraft müssen geübt
werden, der wäre wahr, und so eine Religion wäre viel
größer, und viel besser, als wenn eine andere lehrte, es
es ist Ein Gott, hätte aber wenig davon in sich, daß
Gott Liebe ist und Liebe in der Menschen Seelen kräftig
machen will.

Neunundzwanzigstes Kapitel.

Die Seele erkennet, wie schwer die Einheit
Gottes zu beweisen ist, und findet den Grund
für jene Behauptung.

Und die Seele staunte ob solcher Worte Gottes, und
es fiel ihr wie Schuppen von den Augen, als sie dieselben in ihrem Inneren hin und her bewegte, und sie sprach:
O mein Gott, wie wird mir auf einmal so licht darüber,
daß es leicht ist, dich zu denken als die Liebe und dich
zu erfahren als die Kraft der Liebe, daß es aber stets
sehr schwer war und schwer ist, blos durch Denken zu
ergründen, ob du einer bist, ob viele. Und die Seele
erinnerte sich, daß sie fleißig einst darauf geschaut hatte,
wie die Menschen die Einheit Gottes zu beweisen versuchten,
und wie sie sah, daß all diese Beweise schwach und hinfällig waren. Denn sie gingen alle darauf, daß die Welt
Eine sei und also auch nur Einer Ursache bedürfe, und
daß die Einheit ihres Plans auch Einen Geist erfordere,
der ihn gedacht, und daß mehrere Götter anzunehmen
somit eine überflüssige Annahme sei. Aber sie vermochten
nie aufzuzeigen, daß die Welt Eine sei; denn es sind viele

Anfänge der Dinge denkbar und ist denkbar, daß alle, wenn sie zusammentreffen, sich in freundliche und feindliche Wirkung zu einander versetzen und so das ausmachen, was wir Eine Welt nennen. Und wenn man genau zusieht, so ist Gutes und Böses, Liebe und Unliebe in der Welt so gemischt, daß diejenigen viel mehr im Vortheil waren, welche behaupteten, es gäbe einen guten Gott, von dem das Gute, und einen bösen Geist, von dem das Verkehrte in der Welt und das Uebel sei. Denn wenn sie schon darin es versahen, daß sie überhaupt Gott zur Welturfache machten, so hatten sie doch das erkannt, daß Gott Liebe und Güte sei, und daß die Welt, wenn sie von ihm sein sollte, Liebe und Güte durchweg darstellen müsse. Darum haben auch alle die Völker nicht so Unrecht, welche böse und gute Geister neben einander annehmen. Denn wenn man einmal meint überzeugt zu sein, Gott oder Götter seien die Urheber der Dinge in der Welt, dann hatte man Recht, zweierlei Arten von Göttern anzunehmen, wohlthätige und schädliche, freundliche und feindliche. Und wenn die Weisen sagten, es giebt Einen Gott, weil es Einen Plan der Welt giebt, so war die Frage, wo ist dieser Eine Plan? und darauf wußten sie keine Antwort. Sie gaben entweder Pläne Gottes an, dich sich mit dem, als was wir Gott kennen, mit der Liebe, nicht vertragen, oder sie sagten, wir sehen blos Stücke von diesem Plan, das Ganze erkennen wir noch nicht, und so erdichteten sie einen Plan, statt einen wirklich erkennbaren aufzuzeigen. Aber wenn selbst ein solcher Plan sichtbar wäre, warum mußte er von einem Gott gedacht sein, warum könnte er nicht von Ewigkeit in den Dingen einfach liegen? und wäre er selbst als von Gott

gedacht erwiesen, was er nie ist, und wogegen es die
allerstärksten Beweise von der Liebe aus giebt, warum
müßte von dem Einen Plan auf Einen Gott geschlossen
werden? Könnten nicht mehrere Götter an dem Plane
mitgewirkt haben, nicht blos zwei oder drei, sondern zwei
oder drei Millionen Götter oder noch mehr? denn wenn
gute Menschen schon Eintracht halten mit einander und
zusammenstimmend zu Einem Ziele hinarbeiten, warum
sollten das Götter nicht auch thun? Zu sagen, mehrere
Götter anzunehmen, sei eine überflüssige Annahme, was
will das bedeuten? Man hat die Wahl, nach jener Ansicht sich die Welt als von Einem oder von vielen Göttern
bewirkt und geordnet vorzustellen, warum soll man da
durchaus die Einzahl der Vielzahl vorziehen? warum
läßt man die Sache nicht richtiger unentschieden? warum
betet man nicht: Herr, mein Gott, oder, denn ich weiß
es nicht genau, ihr meine Herren und Götter? warum
thut man, als wisse man die Einheit Gottes so bestimmt?

Und die Seele dachte, woher weiß ich selbst die Einheit Gottes? rede ich nicht stets: mein Herr und mein
Gott? Und zuerst sagte sie sich: ich weiß die Einheit
Gottes, weil Gott immer in der Einzahl und als Einer
zu mir geredet hat, aber sie besann sich weiter, daß Gott
ihr auch Einer gedünkt hatte, ehe er selbst zu ihr gesprochen,
und es wurde ihr offenbar, warum es dem Herzen natürlich ist und gewiß, von Einem Gott zu reden. Die
Einheit Gottes ist der Ausdruck dafür, daß die Seele
stets die gleiche und selbige Wirksamkeit Gottes an sich
erfährt. Weil die Wirksamkeit Gottes in uns eine und
dieselbige ist, darum sagen wir: Gott ist Einer und
stets der nämliche. Und die Seele fragte sich nochmals,

ob sie auch Grund habe so zu schließen oder ob es blos Uebereilung in Worten sei, um der Ansicht nahe zu kommen, welche sie von Kindheit an um sich als die wahre und vernünftige hatte preisen hören. Und die Seele fand, daß sie Recht habe von einem einzigen Gotte zu reden; denn sie sagte sich so: wenn es viele Götter gäbe und alle wären gleich in ihren Eigenschaften (denn so müßten wir sie denken, weil wir die göttliche Wirksamkeit als eine sich gleichbleibende in uns erfahren), so müßte jeder Gott dieselbe Kraft der Liebe sein, die der andere ist, jeder für sich und in sich, und so müßte die Kraft göttlicher Liebe ebensovielmal dasein als es Götter giebt und so müßten wir dreimal, viermal die göttliche Kraft der Liebe in uns verspüren, je nachdem es Götter gäbe, welche sich unserer Schwachheit annehmen. Wir haben aber stets eine und dieselbe nur sich mehrende und wachsende Kraft göttlicher Liebe an uns erfahren, also giebt es nur Einen Gott, für uns, für unsere Erkenntniß auf Grund unserer Liebe zu ihm nur Einen.

Dreißigstes Kapitel.

Die Seele erkennet, warum die Vielgötterei so verbreitet unter den Menschen war und ist, warum sie davon sich so schwer los winden, daß Gott Welturſache sei, und beschreibet das wahre Verhältniß Gottes zur Natur.

Und die Seele freute sich, daß sie von der Liebe Gottes aus die Einheit Gottes sich bewährt hatte, und sie glaubt dem Worte Gottes an sie, in welchem Gott stets

als Einer zu ihr geredet hatte. Und zugleich erkannte
sie, wie nahe es dem Menschen lag viele Götter anzunehmen, so lange er nicht blos Gott als den Beseliger
der menschlichen Herzen, sondern stets zunächst und zu-
meist als Welturſache betrachtete. Denn ſo lange da die
vorgebliche Einheit des Weltplans nicht war gefunden
worden, ſo lange nahm er viele Götter mit Leichtigkeit an, weil er viele Dinge und verſchiedene Dinge der
Welt ſah, theils gute, theils böſe und einen Gott meinte
als Urſache derſelben annehmen zu müſſen. Und wo das
noch unter den Menſchen ſo iſt, da nehmen ſie noch viele
Götter an und haben darin Unrecht, aber dieſer Irrthum
ſtößt ſie nicht weg vom Herzen Gottes. Wenn ſie unter
ihren vielen Göttern ſolche haben, welche mehr Ausdruck
für die Naturkräfte ſind und deren Wirken auf den
Menſchen, und andere daneben, welche ſich mit der Liebe der
Menſchen und Gottes vertragen und dieſer Liebe und
ihrem Dienſte geweiht ſind, dann kann dieſe Religion
trotz ihrer Irrthümer im Denken die Wahrheit des Herzens
haben. Solche Menſchen haben keine falſche Religion, ſie
haben nur nicht die ganz richtige, und weil die Richtigkeit
der Gedanken hier nicht gleichgültig iſt für das ſittliche
Thun, darum ſind dieſe Menſchen nicht eigentlich ·zu bekehren, ſondern blos zu belehren, aufzuklären darüber,
wie ſie die Wahrheit, die ſie der Sache nach haben, auch
in Worten und geiſtigen Gedanken beſſer auszudrücken
im Stande ſind. Der Eine Gott iſt erſt verkündet worden,
als man durch die genauere Kenntniß der Welt auf das
Zuſammenwirken der Dinge unter einander geſtoßen
war; da dachte man neben den vielen Göttern, welche
man beibehielt, gäbe es noch Einen Gott, welcher das

All zur Harmonie lenke. Aber das war nicht die Einheit und der Grund der Einheit, welche für das Gemüth
entscheidend sind; darum ist auch die Einheit wahrhaft
erst geglaubt worden, als man sie gründete auf die
Güte; die Welt sollte Eine große Güte darstellen, eine
Güte, welche sich darin offenbare, daß alles zum Nutzen
des Menschen eingerichtet sei; und noch mehr wurde die
Einheit Gottes geglaubt, als man lehrte: Gott sei nicht
blos Güte, er sei Liebe und nehme sich des Menschen-
geschlechts und seiner Seligkeit an über die ganze Erde;
als Gott verkündet wurde als die erlösende und beseli-
gende Kraft der Liebe, da war man der ächten Erkenntniß seiner Einheit ganz nahe gekommen oder hatte sie
vollständig erreicht. Als man sich das Herz faßte zu sagen:
Gott ist nicht blos Gott der Juden, sondern auch der
Heiden, und Gott will, daß allen Menschen geholfen
werde und sie zur Erkenntniß der Wahrheit kommen, da
war ein Schatz religiöser Erkenntniß gefunden, der nicht
mehr verloren gehen konnte; da war die Wahrheit Gottes
voll und ganz erlebt im Herzen, wenn auch noch in Wort
und Lehre nicht so bestimmt, wie es sein muß. Aber das
darf uns auch nicht wundern, daß, als der Mensch zuerst zu Gott hindurchdrang, er Gott, weil er ihn gefunden,
zunächst als seinen Gott ansah, den er nur seiner Familie
und seinem Stamme mittheilte; denn die kannte er und
wußte zu ihnen zu reden und fand da einen fruchtbaren
Boden für seine Mittheilungen über Gott und göttliche
Dinge. Wenn nun alle die Liebe gehabt hätten als das
Entscheidende in der Religion, und die Stämme und Völker
wären dann zusammengetroffen, so hätten sie in Liebe
ihre Güter sich mitgetheilt, auch die ihrer Religion, und

da hätten sie bald gefunden, daß sie alle unter verschie-
benen Namen dieselben Götter verehrten und daß ihre
vielen Götter blos viele Namen für dasselbe seien, für
die Eine volle bewußte Himmelskraft der Liebe, und so
hätten sie sich in nicht zu langer Zeit zu dem richtigen
Gedanken über Religion aufgearbeitet. Aber so war es
nicht und so ist es nicht. Die Liebe ist nicht den Menschen
der ganze Gott, sondern meist nur ein Stück, ein Theil
in der Vorstellung, die sie von ihm haben. Und wie die
Menschen gewöhnlich ihr Lebensziel mischen aus der
sinnlichen Annehmlichkeit, dem Erkenntnißtrieb und der
Liebe, so haben sie auch ihre Religionen aus allen diesen
Elementen zusammen sich gebildet: ihr Gott ist ein Gott,
von dem sie Wohlergehen des leiblichen Lebens hoffen
und der ihnen die Räthsel der Erkenntniß lösen soll und
der sie lieben soll vielmehr, als daß er ihnen die Kraft
der Liebe ist, aus der sie der Schwachheit ihrer Liebe
aufhelfen. Darum bestehen sie so sehr auf der Schöpfung
oder mindestens auf der Herrschaft Gottes über die Natur,
wenn sie selbst diese ohne sein Zuthun ursprünglich vorhanden dachten. Ihr Gott soll ihnen in wunderbarer Weise
bei ihrer sinnlichen Bedürftigkeit helfen; sinnliches Wohlergehn für uns und für Andere ist ihnen das geheime
Losungswort ihres Lebens, wenn es hochkommt, und sie
nicht vielmehr sinnliches Wohlergehn für sich im Noth-
fall auf Kosten Anderer als das Höchste ansetzen. Es
hat allen Völkern dunkel vorgeschwebt, daß der Mensch
die natürlichen Dinge um sich zu beherrschen im Stande
sei; aber wie suchten sie diese Ahnung in Wahrheit und
Leben zu verwandeln? Statt die Dinge zu beobachten
und zu erkennen, wie sie sind, um sie durch sich selbst

und durch ihre eigenen Gesetze und Kräfte mehr und mehr
unter die Zwecke der Menschheit zu bringen, träumten
sie von einer übernatürlichen Welt hinter den sichtbaren
Dingen, von einem Gott oder vielen Göttern, welche
alles in Bewegung setzen und fort und fort mit Kräften
und Eigenschaften ausstatten, und durch Zauberformeln
und demüthige und schmeichelnde Reden wollten sie sich
die Götter günstig stimmen, daß sie ihnen gäben, was sie
begehrten; und so entstand das Gemisch von leerem,
nichtigem Götzendienst und wahrem, ächtem Gottesdienst,
aus welchem die bunte Menge der verschiedenen Religionen
auf der Erde zusammengesetzt ist. Und wenn die Götter
nicht thaten, was die Menschen begehrten, und worauf
sie nach der Verehrung, die sie ihnen erwiesen, glaubten
einen Anspruch zu haben, so wurden sie unwillig, die
Neger prügeln dann ihren Fetisch, und die Christen? —
unter den Christen gab es stets viele und giebt es noch
heute, welche alle Religion aufgeben und von sich werfen
als einen leeren Wahn, wenn ihnen ein Wunsch ihres Herzens
nicht gewährt, ein Gebet um ein irdisches Gut nicht erhört
wird. Und durch alles das wurden die Menschen nicht
eines Anderen belehrt. Sie sahen sich von Punkt zu
Punkt verdrängt, aber den großen Schritt zur vollen
Wahrheit thaten sie nicht. Ehe sie erkannten, daß
Gott nicht Schöpfer ist, merkten, daß er ganz anders gefunden wird, denn als eine Allmacht, welche Wunder thut,
eher erdachten sie immer Neues und Neues, um die über-
kommene Lehre zu behalten, die sie doch nicht klar und
rund zu machen wußten, weil sie nicht wahr ist und
nicht richtig. Als man die Gesetze und festen Ordnungen
in der Natur erkannt hatte, da sprach man: Gott hat

ein für allemal feste Regeln des Weltlaufs sich gemacht,
nach denen er verfährt; aber wenn es um höherer Zwecke
willen nöthig ist, so tritt er mit seiner vollen Schöpfermacht mitten im regelmäßigen Naturlauf hervor, er thut
Wunder, sichtbare Werke Gottes. Aber was ein Wunder
sei, wußte Niemand zu sagen. Man sprach, das und
das ist ein Wunder. Und wenn es geschehen ist, wie
es erzählt wird, so sind diese Ereignisse freilich abweichend
von dem uns bekannten Naturlauf, aber daß sie darum
Wunder wären, wie folgt das? denn um zu sagen, das
ist ein Wunder, müßten wir alle Gesetze der Natur durch
und durch kennen, müßten wissen, was alles durch die
verschiedenen Beziehungen der Dinge zu einander sich
nach den festen Verfahrungsweisen der Dinge ergäbe,
aber wer weiß das? und Niemand kann es je wissen. So
kann auch Niemand je sagen, das ist ein Wunder, eine
That Gottes selber und in offenbarer Weise von ihm
vollbracht; und wenn Jemand Tag für Tag Todte er-
weckte und Wein in Wasser verwandelte und mit sieben
Broden Fünftausend speiste, so würde er Dinge thun,
welche verwunderlich wären in unseren Augen, aber als
Wunder wären diese Dinge dadurch noch lange nicht
gekennzeichnet. Aber Gott thut keine Wunder in der
Natur. Die Natur ist nicht von Gott. Die Liebe,
welche Gott ist und als die er erkannt wird, streitet
dagegen, daß die Welt von ihm geschaffen wäre. Gott
ist der Beseliger der Geister, welche sich zu ihm wenden,
um volle Kraft der Liebe zu gewinnen, und handelt darin nicht nach Gunst und Laune, nicht magisch und
zauberisch, sondern nach festen und unwandelbaren Gesetzen
seiner ewigen Liebe, und diese bewußte Kraft der Liebe

ist seine Natur und selige Beschaffenheit. Gott wirket
auf die Natur durch den Menschen; je mehr sich die
Kraft der Liebe im Menschen mehret, desto mehr sucht
der Mensch alle Mittel, durch welche er das leibliche und
geistige Wohl seiner Mitmenschen fördern kann. Dazu
wird erfordert Erkenntniß der Natur und Verwendung
der Naturdinge und Naturkräfte danach. So wird
die Natur verkläret zu einem Tempel, in welchem Gottes
Liebe waltet, so entsteht die höhere Ordnung der Liebe
in der Ordnung der bloßen Natur. So ist Gott gegenwärtig, sichtbar ausgedrückt seine Spuren in der ganzen
Welt. Das ist die Herrschaft Gottes über die Natur
und in der Welt, sie wird geführt durch den Menschen,
sie dauert, so lange es Menschen oder menschenähnliche
geistige und leibliche Wesen in der Welt giebt. Ehe der
Mensch auf der Erde erschien, da war Gott da, war
allgegenwärtig, aber er war beschlossen in sich, in seiner
Liebe, und wirkte nicht, und wenn einst der Lauf der
Dinge es mit sich bringen sollte, daß die Menschen ver-
schwinden von der Erde, so wird die Herrschaft Gottes
über die Erde ein Ende nehmen, Gott wird wieder beschlossen sein in sich und in den Geistern, welche aus
der Menschheit in den Schooß seiner Liebe eingegangen
sind und ewig an seinem Herzen sich freuen der Liebe
zu ihm und unter einander. Darum soll der Mensch die
sinnliche Annehmlichkeit nicht erachten, als entferne sie
ihn von Gott und beflecke ihn; er soll sie auch nicht
achten für das Höchste, für das, was im Himmel ihm
reicher und ganz zu Theil werde. Die sinnliche Annehmlichkeit sei ihm werth, insofern sie zuträglich ist dem Gedeihen der Mitmenschen, und er selbst nehme Theil an

ihr, nicht weil die leiblichen Begierden sie so heiß er-
sehnen, sondern soweit sie sein Gedeihen fördert, und sein
Gedeihen liege ihm am Herzen, damit er kräftig sei sich
dem Dienst seiner Mitmenschen in Liebe zu weihen. Des
Menschen Herz sei im Himmel, d. h. haftend in der Liebe
zu den Menschen in Kraft der Liebe Gottes, aber diesem
Himmel wird einverleibt alles, was der Liebe zu den
Menschen dienen kann; auf alles dieses erstreckt sich die
Verklärung des heiligen Geistes. Der Menschen Leib
sei ein Tempel des heiligen Geistes, ihr Haus, ihr Stand,
ihr Land, die ganze Erde werde es; alles, was sie thun
und was ihnen unter die Hände kommt, soll das Wehen
des heiligen Geistes der Menschen und Gottesliebe athmen.

Einundbreißigstes Kapitel.

In welchem Falle man in allen Religionen
kann selig werden; von den nachtheiligen
Folgen der Lehre, daß Gott Welturfache
sei, von der Liebe Gottes gegen die Frommen und gegen die, welche sich ihm ent-
ziehen.

Darum kann man in allen Religionen selig werden;
ob sie einen Gott lehren oder viele Götter. Die Einen
Gott lehren, haben darin Recht, wenn aber ihr Gott
nicht Liebe ist und Liebe wirket, so hilft er zur Seligkeit
nicht. Die viele Götter lehren, haben darin Unrecht; wenn
aber ihre vielen Götter als Liebe gedacht werden und
Liebe erregen in den Herzen ihrer Bekenner, so führen
sie zur Frömmigkeit und wahren Seligkeit. Gott thut
mit ihnen, wie ein Mann, der bald mit diesem, bald mit

jenem Namen gerufen wird, weil man ihn für mehrere
Perfonen hält, während er nur Eine ift, und der, weil er
weiß, er ist gemeint, sie den Irrthum nicht entgelten läßt,
sondern wartet, bis sie durch die Gleichmäßigkeit seines
Thuns merken, es ist nur Einer da. Solche Religion ift
wahr und wahrhaftig, aber sie ist nicht ganz richtig; solche
Menschen tragen die Liebe der Menschen in Kraft der
Liebe Gottes in sich, und überdies fehlt ihnen bei ihren
vielen Göttern auch nie das Gefühl, daß sie alle verwandt und zusammengehörig sind und unter einander
übereinstimmen und zu Einem zusammenwirken, und die
Ahnung bleibt nicht aus, daß vielleicht die vielen Götter
nicht viele getrennte Perfonen find, sondern viele Namen
für einen und denselben Gott. Darum ist es kein Hauptunterschied zwischen den Religionen, ob sie einen oder
viele Götter verehren, sondern das machet den Unterschied,
was sie in Gott anbeten und unter seinem Namen anrufen. Und in einem Punkte sind alle großen Religionen
in die Irre gegangen, daß sie Gott als Ursache, Urheber
oder Grund der Welt gefaßt haben. Damit haben sie sich
selbst in Verwirrungen und Verwicklungen gebracht, aus
denen kein Ausgang zu finden war, weder für die
Frommen noch für die Weisen. Dieser Irrthum aber
ist sehr nahe liegend und hindert nicht die Seligkeit,
wenn er gleich die wahre Erkenntniß Gottes sehr schwer
macht. Er hindert die Seligkeit nicht, wenn der Mensch
babei zur Erkenntniß gekommen ist, daß Liebe zu den
Menschen seine wahre Lebensaufgabe ist, und daß diese
Liebe zu den Menschen das Gottwohlgefällige ist, und
daß uns Gott seinen Geist giebt, damit wir ganz und
wirklich der Liebe Zug und Weisung zu folgen vermögen.

Darum durfte der Mensch immerhin beten um Güter des
Leibes, um Gesundheit, Körperkraft, gesegnete Arbeit und
Erwerb, langes Leben; nur mußte er wissen, daß es darauf nur ankommt, als auf Mittel der Sittlichkeit und
daß die Gewährung dieser Bitten nicht die Probe ist auf
Gottes Güte und Wirksamkeit an uns. Er mußte beten
mit dem Zusatz, nicht mein, sondern dein Wille geschehe,
und was ihm äußerlich zustieß, ihn mußte das Bewußtsein erfüllen, daß denen, die Gott lieben, alle Dinge zum
Besten dienen. Die wahre Probe von Gott mußte ihm
sein, daß er mit Gottes Gnade die Sünde mehr und
mehr überwand, d. h. alles ablegte, was gegen die Men-
schen- und Gottesliebe in ihm war, und daß er stark
wurde all sein Fühlen, Denken, Wollen und Wirken in
der Liebe gegründet zu haben. So konnte der Irrthum,
welcher aus der Lehre von Gott als Schöpfer und von
seiner Allmacht her leicht folgte, unschädlich gemacht werden,
und die Liebe Gottes und der Menschen bestehen als das
Wesentliche und Wahre der Religion, und der Weg zur
vollen Seligkeit werden, bis im Tode der Traum von
Gottes Schöpfermacht dahin schmolz vor der Sonne der
vollen Wahrheit des göttlichen Lebens, in welches die
Seele einging. Aber die Religionen, welche Einen Gott
und seine Allmacht lehrten, sie haben nicht weniger ge-
fährliche Irrthümer gehabt, als die Religionen, welche
viele Götter und was sich daran hängt, dachten. Denn
aus der Allmacht floß die Vorherbestimmnng des Einen
zur Gnade, während die Anderen ihrem Verderben sollten
überlassen werden, damit Gottes Liebe ebenso sehr als
seine Gerechtigkeit oder sein Zorn verherrlicht werde, und
was sich alles daran anschloß. Oder wo man schließlich

alle durch die Macht Gottes zur Seligkeit geführt sein
ließ, da vernichtete man des Menschen Freiheit. Da dachte
man oft Gott ganz falsch als ein Wesen, das in sich, in
seiner bewußten Kraft sich nicht genug ist, das auch alle
seine Eigenschaften vor Anderen zeigen und an den Tag
legen will. Da schrieb man Gott, ohne es zu wollen
und zu merken, als die Triebfeder seines Thuns die
Selbstliebe zu, ganz entsprechend dem, was man lehrte
und noch lehrt, daß die Selbstliebe die stärkste Gewalt
im Menschen habe. Und so sagte man, Gott schuf diese
Welt zur Offenbarung seiner Herrlichkeit um seiner Liebe
willen. Aber die Liebe, die Gott wirklich ist, zeugt
wider die Schöpfung nicht nur, sondern auch dagegen,
daß Gott schaffe, um erkannt, gelobt, verherrlicht zu
werden. Gott ist Liebe und als Liebe thut er nichts
um sein selbst willen, sondern alles um des Anderen
willen. Er giebt dem Menschen, was er ihm geben
kann von dem Gut, was er selbst ist, und was sie be-
dürfen; er giebt ihnen von der Kraft seiner göttlichen
Liebe, nicht damit diese Liebe offenbar und gepriesen
werde, denn er war Gott und war die selige Kraft der
Liebe, ehe noch ein Wesen war, dem er mitzutheilen hatte;
er giebt den Menschen, was sie von sittlicher Kraft be-
dürfen, weil er hat, was ihnen fehlt, und weil er Liebe
ist. Diese Güte und Liebe Gottes machet dann, daß
menschliche Herzen ihm anhängen als ihrem einzigen Gut
in Liebe und Dankbarkeit ewiglich und immer neuer und
unablässiger Inbrunst ihrer Seele. Aber die, welche
Gottes Gnade nicht nehmen, nicht suchen und ergreifen,
welche die Ahnung derselben unter Lüsten und Begierden
ersticken und ertödten für immer, über die flucht Gott

nicht, zürnt mit ihnen nicht. Als Liebe bietet er sich
allen an, und drängt sich keinem auf. Wenn solche Menschen nicht durch die Erfahrung des Lebens, die Unruhe
der Leidenschaft, die Unbefriedigtheit des Ehrgeizes und
des blosen Wissenstriebes, durch das böse Gewissen (denn
die Ahnung der Liebe als des einzigen wahren Gutes
bleibt selbst dann noch, wenn die Kraft es zu ergreifen
bereits völlig erstorben ist), — wenn sie durch alles
dieses nicht zu Gott hingeleitet werden, so kann ihnen
Gott nicht helfen; sie haben die Brücke, welche zu ihm
führt, selbst mit frevelnder Hand abgebrochen; er hat
sie gerufen und sie haben nicht gehört, er hat ihnen von
Ferne die Oase der Seligkeit gezeigt und sie haben ihren
Schritt in die Schrecknisse der Wüste gerichtet. Solche
Menschen haben sinnliche Annehmlichkeit in ihrem Leben
genossen, aber Glück, reines Glück haben sie nie gekannt.
Reines Glück ist verschieden vom Genuß und ist blos
in der Liebe, welche nicht das Ihre sucht, sondern das,
was des Anderen ist. Solche Menschen mögen gewaltig
auf Erden gewesen sein, Großes erreicht, mächtige Um-
wälzungen hervorgebracht haben, aber das ist es nicht,
was groß vor Gott macht, ja auch nur zu Etwas vor
ihm. Das unbedeutendste Menschenleben, das im engen
Kreis all seine Kräfte regte, um thätige Liebe auszustreuen
um sich, weil sein Herz selber von Liebe zu den Menschen in Kraft der Liebe Gottes entbrannt war, ist mehr
in den Augen Gottes als alle Herrlichkeit und aller
Ruhm der Welt, wo nicht diesem Thun und Machen die
Liebe zu den Menschen in Kraft der Liebe Gottes zum
Grunde lag. Wer nicht in die Liebe Gottes eingehet,
der gehet mit dem leiblichen Tode aus wie ein Licht,

das verlöschet, weil es ganz ausgebrannt ist; hältst du
ein brennendes Licht daran, es kann sich doch nicht mehr
entzünden. Gott kann sie nicht mehr erregen zum Leben
in ihm, weil sie von seiner Liebe nichts in sich haben.
Das ist ihr Ende. Die Bösen vermögen nicht so viel
Böses zu thun, als sie meinen; und wenn sie Hab und
Gut, Weib und Kind, Leib und Leben nehmen, wenn sie
mit der Schärfe des Schwerdtes alles Lebendige erwürgen
und die Erde verwüsten mit Sengen und Brennen, sie
vermögen es nicht zu ändern, daß denen, die Gott lieben,
alle Dinge zum Besten dienen, und daß ihnen selbst etwas
Anderes werde als Tod und ein Name, den die Geschlechter verabscheuen, den sie selber aber nicht mehr
hören; denn sie sind dahin, ein ewiges Nichts, weil sie
nichts von Liebe waren.

Zweiunddreißigstes Kapitel.

Gott belehret die Seele über die falschen
Schrecken der Hölle, über den wahren Sinn
des göttlichen Ebenbildes, der Sünde, der
Versuchung, und darüber, daß der Mensch
und die Menschen, keineswegs aber Gott,
durch die Sünde gekränkt und beleidigt
werden. —

Und die Seele faßte sich wieder ein Herz und sprach:
Herr, Herr, verzeihe meine Fragen und vielen Zweifel,
aber wird nicht die Bosheit der Menschen groß werden,
wenn keine Schrecken der Hölle, keine Angst des Welt-
gerichtes mehr auf ihren Begierden und Leidenschaften

einschränkend lasten? Und Gott antwortete der Seele und redete ihr also zu: O Seele, wie wenig kennst du die Menschen und ihr Treiben? Bist du von gestern und ehegestern, daß du so gar nicht durchschaut hast, wie es wirklich und leibhaftig in der menschlichen Seele zugehet? Wann rufen die Frommen, die, welche ihr fromm nennt, Gott an mit Eifer und Inbrunst? dann, wenn es ihnen schlecht geht, wenn sie in Noth und Angst sind. Wann müßten sie Gott am lautesten anrufen? gerade umgekehrt, wenn sie in guten und bequemen Tagen sind, damit sie über der sinnlichen Annehmlichkeit oder der Freude der Erkenntniß nicht vergessen, daß nicht die es sind, welche zu Gott führen, sondern daß die Liebe es ist, die man in guten und in bösen Tagen übt und aus Gottes Kraft nährt, was vor Gott zu Frommen macht. Weißt du nicht das Wort eures Dichters, daß man auf Erden Schmach und Spott mehr fürchtet als den lebendigen Gott? daß den Menschen die Güter und Uebel der Erde nahe, Gott aber ferne erscheint, daß sie an Hölle und an Weltgericht für sich nicht glauben; denn wenn sie glaubten, wie anders müßte ihr Thun sein. Und wer glaubt unter euch am meisten an die Schrecken der ewigen Strafen? die, welche sich fromm nennen. Aber sie glauben nicht für sich daran, sie hoffen ihnen zu entgehen, sie glauben für die Nichtfrommen daran, die sollen dort büßen. Ist nicht solche Frömmigkeit ohne Erbarmen und ohne Liebe? weinen müßten sie ob der Hölle und ihrer Schrecken, wie euer Herz von Mitleid erregt wird, wenn ein Mensch, und sei es der schlimmste, unter Schmerzen und Qualen dahin stirbt. Aber euer Mitleid, wenn es ächt ist, müßte nicht so sehr auf die leiblichen Schmerzen und Qualen

gehen, die alle Menschen treffen können, sondern darauf,
daß der Böse in seinen Schmerzen und Qualen nicht den
Trost des lebendigen Gottes, des Gottes der Liebe, hat,
der ihn festhält und troß den Foltern und dem Jammer
der Empfindung nicht lässet in Unseligkeit vergehen.
Die Hölle und ihre Strafen, — diese giebt es nicht und
es hilft nicht von ihnen zu erzählen; sie hält auch Niemand
ab von Sünde und Gottlosigkeit; denn entweder glaubt
der Mensch nicht daran oder er hofft ihr troß seiner
Sünde noch zu entgehen, er entschuldigt sich vor sich
selbst mit List und Schlauheit und benußt die Zauber=
mittel, sich gegen dies Loos zu feien, die Zaubermittel,
die ihr alle in euren Religionen noch eifrig habt; denn
ein nichtiger Zauber ist alles, wodurch man meinet zu
Gott zu kommen, wenn es nicht die Liebe der Menschen
in Kraft der Liebe Gottes ist.   Zu Gott kommt Niemand
als auf dem Weg der Liebe zu den Brüdern; diese leitet
hin zur Liebe Gottes als der großen Kraft unserer Liebe;
wer auf diesem Weg gehet, ernstlich und reblich, der ver=
fehlet Gott nicht; einen anderen Weg giebt es nicht, und
wo er geprebigt und eingeschlagen wird, da führet er zu
einem Gößen der Phantasie.   Meist wohnet im Herzen
des Frommen der Gott der Wahrheit, und in seinem
Kopfe hauset mit und daneben der Gott der Einbildung;
selig der Mensch, der sich nicht durch den Gößen seiner
Einbildung den wahren Gott rauben lässet.

Und auch barum sei ohne Sorge, daß durch diese
Lehre das Bewußtsein der Sündhaftigkeit und Verkehrt=
heit des Menschen gemindert werde.   Das menschliche
Herz wird stets gleich geboren, gleich mit kleinen Ab=
weichungen, so daß der eine seine Versuchungen mehr

in dem, der andere in jenem zu bestehen hat. Aber das
Ebenbild Gottes ist in allen. Das Ebenbild Gottes ist
nichts, was Gott dem Menschen eingepflanzt hätte. Das
Ebenbild Gottes ist dies, daß der Mensch das Vermögen
von Haus aus hat das Gute zu erwählen, und daß er,
wenn er es ergreifen will, seiner Schwäche inne wird
und diese ihn zu Gott führet, um mit ihm zu vermögen,
was er ohne ihn zwar wollte, aber nicht könnte.
Dies göttliche Ebenbild kann herausgebildet werden im
Menschen durch ihn selbst in Kampf und Sieg, aber
nur mit Hilfe Gottes. Dies Ebenbild Gottes kann der
Mensch vernichten, daß es kraftlos und ein bloßer Gedanke seiner Phantasie wird und er erkennet, du hättest
anders werden können, als du geworden bist, aber du
hast nicht gewollt. — Sünde ist alles, was von Gott
wegführet. Die sinnliche Annehmlichkeit und die Freude
der Erkenntniß an sich sind nicht Sünde, aber sie werden
Sünde, wenn sie der Mensch sich zum Lebensziele macht
und die Liebe zurückdrängt, oder wenn er jene vorzugs-
weise erwählet und diese nur nebenbei oder mit ihnen
zusammen. Das ist die Sünde, welche machet, daß Gott
nicht in das menschliche Herz kommen kann. Die Begierden sind Versuchungen, wenn sie stark und heftig
auftreten und der Mensch verzagt ihnen zu widerstehen.
Wenn er sie aber mit Gott überwindet, so werden die
Versuchungen nicht Sünde. Sünde sind sie, wenn der
Mensch selbst dazu gethan hat, daß sie groß geworden
sind und wie ein Riese erscheinen neben der schwachen
Liebe in ihm. Darum sollst du meiden, was die Begierden
groß ziehet; denn sind sie erst groß geworden in dir
durch dich, so ist der Kampf schwer und heiß und der

Ausgang nicht ohne Sorge. Darum sollst du auch
Anderen nicht zur Versuchung werden, und sollst alles
meiden, was ihre Begierden und Leidenschaften nähret
und mehret, und mußt ein fleißiges Merken haben auf
alle natürlichen Einrichtungen eines menschlichen Herzens,
und ihr sollt von Vater auf Sohn eure Erfahrungen einander mittheilen, damit ihr wisset, was ihr zu erwarten habt
und wie ihr euch von den Begierden und Leidenschaften
nicht dürft überrumpeln lassen. Das Alles thut ihr
viel zu wenig. In den entscheidendsten Wendepunkten
des Lebens lasset ihr den Menschen sich selbst, und denkt,
er soll wohl fertig werden, während ihr gehalten seid
jedermann beizuspringen, wenn ihr die Ahnung habt, daß
eine Versuchung über ihn kommen werde. Diese Versuchungen sollt ihr nicht dem Teufel oder bösen Geistern
zuschreiben, so fremd und überraschend sie euch auch kommen
mögen. Sie sind alle natürliche und regelmäßige Folgen
der Einrichtung eures Leibes und eurer Seele. Und
wenn ihr glaubet, den Teufel und seine Gesellen zu sehen,
so merket darauf und findet, daß es Einbildungen eurer
erschreckten und krankhaften Phantasie sind, und lasset sie
euch auslegen von den Kundigen. Die Versuchung ist
da, aber der Teufel, der euch versuchet, ist eine schreckhafte
Dichtung, wie die Engel, die viele zu sehen glaubten,
eine liebliche Dichtung waren. Ebenso wer glaubet Gott
zu sehen mit leiblichen Augen oder im Schimmer des
Geistes, der täuschet sich; Gott wird in Ewigkeit nicht
gesehen. Aber deshalb dürft ihr nicht denken: Ist der
Teufel eine Täuschung und Phantasie, so ist es Gott
gleichfalls. Denn was wahr ist am Teufel, die ver-
sucherischen Begierden und Gedanken, die bleiben, und was

11 *

wahr ist an Gott, das bleibt auch, nämlich daß ihr nicht
durch Menschen, nicht durch euch selbst, sondern blos
durch den Verkehr der Seele mit dem, was ihr Gott
nennet und Gott ist, Kraft und Ausdauer der Liebe
gewinnet.

Und die Seele sprach nochmals zu Gott und fragte:
Herr, Herr, ich sehe, daß Sünde Sünde bleibet, und daß
kein Mensch aus der Sünde kommt, es sei denn durch
deine Gnade, die er ergreifet und in die er sich ein-
arbeitet und sie festhält mit eiserner Zähigkeit, und Gewalt
gebraucht gegen alle Begierden, welche ihn losreißen
wollen von dir und nicht leicht ruhen. Aber ist es nicht
also oder täusche ich mich: alle Sünde ist ein Verderben,
welches der Mensch über sich selbst bringt und wodurch
er sich des einzigen Gutes beraubt, welches wahrhaft und
wirklich ein Gut ist für ihn. Der Sünde Lohn ist der
Tod, nicht der Tod des Leibes, dieser ist ein Ereigniß
natürlicher Art gleich der Geburt. Das irdische Leben
ist ein hohes Gut, nicht an sich und für sich allein, sondern
weil aus ihm sich herausgestalten kann das Leben der
wahren Liebe, welche die Seele einbürgert in das Himmelreich Gottes und sie ewig selig macht. Aber die Sünde
ist nicht eine Beleidigung des Menschen gegen dich; nicht
gegen deine Würde und Majestät vergeht sich der Mensch,
wenn er sündigt, sondern gegen sich selbst und sein eigenes
Heil und gegen das Wohl seiner Mitmenschen. Und
Gott antwortete der Seele und sprach: Du hast recht
geredet; es ist, wie du gesagt hast. Nichts fordert Gott
vom Menschen, sondern der Mensch fordert von Gott,
und wer ihn recht verlangt, dem versagt er sich nicht.
Wer ihn nicht mag, den giebt er nicht auf, sondern gehet

ihm nach mit seiner Liebe, ob er ihn gewinne, und läßet nicht ab, bis daß der Mensch sich selbst aufgiebt und todt ist an ihm selber, was die Kräftigkeit zur Liebe betrifft.

Dreiunddreißigstes Kapitel.

Gott unterrichtet die Seele von der Erlösung und Versöhnung des Menschen, von der wahren Weise derselben, von den falschen Ansichten der Menschen hierüber und wie diese entstanden sind.

Und die Seele frug weiter und bat: Herr, lehre mich noch über die Erlösung des Menschen. Zwar weiß ich fast schon, wie es mit ihr gehet, aber aus deinem Munde laß mich vernehmen das bestätigende Zeugniß für das, was ich mir denke, nach dem, was ich bis jetzt gelernt habe, ob ich es recht denke. Wie wird der Mensch erlöset und wie wird seine Sünde gesühnet, die er begangen hat vor seiner Bekehrung zu dir, und wie werden die Schwächen und Gebrechen geheilet, mit denen auch der Bekehrte täglich und stündlich zu kämpfen hat und die er so schwer überwindet?

Und Gott antwortete der Seele und sprach: Der Mensch kommt nicht zur vollkommenen Liebe, zur Rechtfertigung und Heiligung, er komme denn zu mir. Niemand vermag sich selbst zu erlösen, erlösen von der Sünde und heiligen kann allein Gott. Er vergiebt die Sünden und schaffet Gerechtigkeit in der Liebe. Aber der Mensch muß sich zu Gott kehren von der Liebe der

Menschen aus und verlangen nach der Kraft der Liebe Gottes. Die Gerechtigkeit vor Menschen, die mag der Mensch erlangen durch sich, er braucht nicht zu stehlen, nicht die Ehe zu brechen, nicht zu tödten und keine groben Laster zu thun, wenn er einen gut gearteten Geist und Leib von Natur besitzet und zugänglich ist der Einsicht, daß er viel besser fähret in der Welt, wenn er durch Arbeit sein Brod verdient, in ehelicher Treue lebt, nicht betrügt, gerecht ist gegen seine Mitmenschen. Aber das ist nicht die Menschenliebe, nach der sich das Herz sehnet als dem einzigen Gut. Das ist die Liebe, welche sich liebet und den eigenen Vortheil dadurch am besten zu erreichen glaubt, wenn sie auf andere Menschen Rücksicht nimmt und diese auf sie. Diese Liebe des eigenen Vortheils wurzelt in dem Glauben, daß die sinnliche und geistige Annehmlichkeit das wahre Ziel des menschlichen Lebens sei, aber dieser Glaube ist ein eitler Wahn; denn die sinnliche Annehmlichkeit ist nie so ganz und so sicher, daß der Mensch, der da denkt, um ihretwillen auch nur eine Stunde im Leben sich festhalten ließe, und wäre sie ganz und sicher, so wäre sie auch so ein schales und in sich nichtiges Ding. Das einzige Gut des Lebens ist zu leben in Liebe für Andere und um der thätigen Liebe willen. Diese Liebe führet zu Gott, nur in Gott wird sie erreicht und vollkommen. Daher kann Niemand wahrhaft gut sein, er ziehe denn die Kraft seiner Liebe aus der Liebe Gottes. Wie oft habe ich dir gesagt, o Seele, und du hast es auch zum Theil erkannt, daß diese Liebe ganz anders ist als jene Liebe, welche den Anderen liebt, weil sie selbst will geliebt sein. Die wahre Liebe, der wahre Mensch

wird nicht auf Erden, er werde denn umgeboren durch
Gott. Niemand aber wird umgeboren durch Gott, er
lasse sich denn umgebären durch ihn und arbeite mit
der göttlichen Gnade an der Herstellung seines neuen
Menschen, der geschaffen ist in rechtschaffener Gerechtigkeit
und Heiligkeit. Der Mensch bedarf der Erlösung; ich,
der Herr, sein Gott, bin sein Erlöser. Der Mensch bedarf der Heiligung; ich, der Herr, sein Gott, bin sein einziger und alleiniger Heiland, der ihm alle seine Sünden
vergiebt und heilet alle seine Gebrechen.

Und die Seele sprach zu dem Herrn und fragte:
Herr, lehren nicht viele Frommen, daß du nicht Sünde
vergiebst, wenn nicht genug gethan werde für die Sünde.
Der Mensch aber, das schwache Wesen, vermag kaum,
wenn er in der Liebe stehet, alles zu thun, was die
Liebe fordert, wie soll er dir genug thun für das, worin
er hinter der Vollkommenheit zurückbleibt, und vollends
wie kann er genugthun für das, worin er die Liebe
verletzt, gefehlt und schwer gesündigt hat, ehe er zu dir
kam. Denn rein vor dir und ohne Flecken, wer, o
Herr, ist so über die Erde gewandelt? und ist selbst die
Liebe zu den Menschen in Kraft der Liebe zu dir mächtig
gewesen in einem von frühe an, so hat er vielleicht in
den Gedanken, die er sich machte von dir und darüber,
wie sich die Liebe zu den Brüdern bethätigen müsse, geirrt,
und hat so, trotz Liebe seines Lebens Seele war, gefehlt,
wenn sein Thun verglichen wird mit dem, was du willst
und wie der Mensch seine Liebe in allem bethätigen soll.

Und der Herr antwortete der Seele und sprach: O
Seele, bedenke, was ich dir gesagt habe, und was du
selbst erkannt hast und bewährt gesehen. Nicht mir

müßte Genugthuung geschafft werden für die Sünde,
nicht ich bin beleidigt oder werde verletzt durch sie.
Mein Zorn braucht nicht beschwichtigt zu werden, meiner
Gerechtigkeit braucht nicht genug gethan zu werden. Ich
habe nicht Zorn über den Sünder, sondern Erbarmen
mit seinem Elend, ich bin gerecht darin, daß ich dem
Sünder nicht meine Kraft mittheile und sie Niemand
gebe, wenn er sie nicht nimmt und gebraucht zur Heiligkeit. Meiner Gerechtigkeit geschieht allezeit Genüge, im
Sünder dadurch, daß er mich entbehrt, sein höchstes
Gut, und es ihm stets schwerer wird, mich wieder zu
gewinnen; im Frommen dadurch, daß ich sein Verlangen
stille und er nicht umsonst zu mir kommt, Gnade suchet
und findet.

Und die Seele frug weiter: Herr, reden nicht viele
unter den Frommen, daß Niemand zu dir komme, wenn
nicht genug gethan worden für seine Sünden; dein
Antlitz sei verborgen vor dem Sünder und es müsse erst
der Vorhang zerrissen werden, welcher dich und den
Sünder scheide; und entweder werde der Mensch von dir
begnadigt in Hoffnung, daß er nachträglich Buße leiste
für seine Sünde und seine Schuld aus deinem Buche
tilge, oder er müsse eine große Genugthuung im Glauben ergreifen und so sich aneignen, welche in wunderbarer Weise durch deine Gnade für alle Menschen sei
geleistet worden, damit sowohl deine Gerechtigkeit befriedigt sei, als deiner Liebe Strom ungehemmt wieder
den Menschen zufließen könne.

Und Gott der Herr antwortete der Seele und sprach:
Diese Frommen haben es wohlgemeint mit alle dem,
aber sie sind dabei irre gegangen in ihren Gedanken.

Du weißt, o Seele, und hast es erkannt und hältst es
fest, daß ich Liebe bin, und Zorn nicht kenne, und daß
meine Gerechtigkeit bestehet darin, daß ich den nicht
zwinge, der mich nicht will, und dem helfe, der mein
begehret. Nicht mich beleibigt der Mensch, wenn er
sündigt; sich selbst, seinem wahren Heil thut er Abbruch,
und anderen Menschen thut er wehe, wenn er nicht Liebe
gegen sie übt. Mir braucht der Mensch keine Genugthuung zu leisten für seine vorigen Sünden, sondern sich
selbst müßte er das Verlorene und Versäumte einbringen,
und den Mitmenschen müßte er wieder gut machen, was
er ihnen durch seine Sünde Böses gethan hat. Das
alles haben die Frommen, welche jene Lehre zuerst hatten,
nicht bedacht, sie haben mich gedacht als Schöpfer und
als Gesetzgeber der geschaffenen vernünftigen Wesen, und
als Gesetzgeber sollte ich nach menschlicher Weise besondere Belohnung den Guten, besondere Bestrafung den
Bösen festsetzen, und da alle an der Sünde Theil haben,
so sollte die Strafe für das Böse entweder abverdient
werden durch spätere Liebe der Bekehrten oder wunderbar
erlassen durch eine große That der Versöhnung Gottes
mit sich selber. Aber Gott ist nicht Schöpfer, er ist
nicht Gesetzgeber, die Welt ist neben Gott ewig wie er
selbst, die Menschenseelen, ihren Hauptanlagen nach, sind
von Ewigkeit so, wie sie sich in Verbindung mit dem
Leibe zeigen. Gott, der Herr, ist die Kraft bewußter
Liebe, welche sich dem schwachen Liebesbestreben des
Menschen gesellet und dieses stark macht und vollkommen.
Seine Gerechtigkeit ist, daß er dem hilft, der um Hilfe
ernstlich suchet, und dem sich nicht aufzwingt, der ihn
nicht mag. Gott selbst ist der Heiland eurer Seelen,

ihr Erlöser, ihr Versöhner. Es bedarf keines Mittlers
zwischen euch und Gott, Gott ist nicht fern von einem
jeglichen unter euch, er verbirgt und verhüllt sich nicht
vor euch. Wer ihn sucht, mit Ernst und mit Eifer sucht,
dem versagt er sich nicht, unter allen Himmelsstrichen,
unter allen Zungen und Völkern kommt man zu ihm.
Der Mittler zwischen Gott und Mensch ist ein Herz,
welches die Liebe zu den Menschen als das Gute erkannt
hat und bei Gott ringt nach der Kraft zum Guten, das
Gebet als der beständige lebendige Wille der Seele, Gott
anzugehören und in seiner Kraft zu wirken, das ist der
Mittler zwischen Himmel und Erde. Wo ein Herz an-
hebt in Gottes Kraft zu wandeln und zu wirken und
ihn festhält und nicht von ihm lässet, da ist die Erlösung
und Versöhnung und Vergebung der Sünden und ewiges
Leben. Gottes Gnade ist nicht an einen Namen gebunden; sie ist gebunden an eine Weise der Wirksamkeit,
nämlich die Liebe zu erkennen als das Gute und in
Gott die Kraft der Liebe zu suchen und durch ihn in
thätiger Liebe sich den Brüdern zu weihen. Das ist die
einzige Weise, wie der Mensch selig wird. Aber von
wem der Mensch diese Weise lernet und zuerst gehört
hat, ob er aus sich selbst auf sie gekommen ist oder ob
sie groß und erweckend für ihn selbst in einem seiner
Brüder auf Erden entgegentrat, nach dem er sich dann
nennet, das machet keinen Unterschied. Die Liebe der
Menschen in Kraft der Liebe Gottes, das ist es, wodurch
der Mensch selig wird und nichts anderes, und es ist
keine andere Weise, ist auch keine andere möglich, als
die des Liebelebens in der Kraft Gottes unter den
Menschen. Und wo anders gelehrt wird, da ist eine

Vermischung der Dinge, der wichtigen und der nebensächlichen; wer sich dabei an das Wichtige hält, der wird
selig, wer aber das Nebensächliche und in der Lehre nicht
Richtige für das Wichtige nimmt, der ist verloren und
es hilft ihm all sein Glaube, all sein Eifer nichts. Und
er ist verloren durch seine Schuld; denn daß die Liebe
das einzige Gut für den Menschen ist und Gott die
Kraft solcher Liebe giebt, das ist erkennbar gewesen den
Menschen auf der ganzen Erde, und in den großen
Religionen, welche sich an besondere Namen anschließen,
wird es laut und mit Nachdruck geprebigt.

Vierunddreißigstes Kapitel.

Gott belehret die Seele über alle Stücke der Bekehrung und Heiligung des Menschen und beruhigt sie über die scheinbare Macht des Bösen zum Verderben des Menschen.

Und Gott sprach weiter zur Seele: Nicht das war
die Schwierigkeit, wie Gott versöhnet würde, sondern
wie die Sünde im Menschen, die bereits geschehene,
ungeschehen gemacht, und wie die Uebel, die durch diese
Sünden den Mitmenschen sind zugefügt worden, auf-
gehoben würden. Darnach fragten jene Lehren nicht
oder wenig, welche fälschlich die Sünde als eine Belei-
bigung göttlicher Majestät dachten. Und das lag den
Anderen im Sinne, welche Genugthuung für die be-
gangenen Sünden vom Bekehrten forderten. Darüber,
o Seele, vernimm dies. Das ganze Dasein des Be-

kehrten muß erneuert werden. Er muß umgeschaffen
und wiedergeboren werden. Denn die falschen Ziele
des Lebens, die er früher verfolgte, haben ihre tiefen
Spuren seinem Leib und seiner Seele eingedrückt. Seine
Seele ist gewöhnt, sich beim Anblick bestimmter Dinge
zu freuen und zur Lust darnach und zur Begierde erregt
zu werden, und diese Begierde ist gewöhnt, sofort in
Handlung und Thun überzugehen, um das Begehrte zu
gewinnen. So ist ihm die Sünde zur zweiten Natur
geworden. Gleichwie die Seele nicht anders kann von
Natur als bei bestimmten Eindrücken auf das Auge
Licht und Farbe zu sehen und eine angenehme Empfindung zu haben, so und nicht anders wird es durch die
Sünde der Seele geläufig gar nicht mehr zu überlegen,
soll ich das wollen oder nicht, sondern sie hat sich wiederholt entschlossen es zu wollen, und sowie der Eindruck
des Gegenstandes wiederkommt, so steigt auch die Begierde auf und führet den Willen mit sich; die Hand
strecket sich unwillkürlich aus, der Fuß setzt sich unwillkürlich in Bewegung, das Angenehme, den Gegenstand
der Begierde zu erjagen. Hat die Seele in die Sünde
zwar lange gewilligt, aber zögernd und mit geheimer
Angst und dem bösen Gewissen, es sei doch nicht recht,
so ist es zwar auch schwer, Leib und Seele umzuändern
von der Liebe aus, aber noch schwerer ist es, wenn das
Gewissen durch spitzfindige Gründe war zur Schweigen
gebracht worden, so daß es vielleicht nur noch in einem
leisen Grauen, in einer geheimen Angst hier und da sich
vernehmen ließ. So ist die Sünde in jedem Unbekehrten
eine Kraft Leibes und der Seele geworden, Leib und
Seele sind zu Sklaven der Sünde gemacht, sie sind wie

eine Maschine, eine sehr zusammengesetzte und kunstreich
verschlungene, welche auf eine bestimmte Art der Bewegung und des Ganges eingerichtet ist. Wenn nun
die Seele die wahre Erkenntniß gewinnet und die Kraft
göttlicher Liebe zu erringen sucht, so ist es nicht so, daß
mit einem Mal alles anders wäre wie von selbst und
durch ein Wunder, sondern die alten Gewohnheiten
bleiben und sind noch im Besitz der Macht und Herrschaft. Leib und Seele sind wie eine Maschine, welche
trotzdem daß der Besitzer will, sie soll anders gehen,
dies nicht von selbst thut, sondern erst völlig anders
eingerichtet werden muß, ja auch nicht auf den bloßen
Willen desselben stille steht und geduldig ihre Umän-
derung abwartet. Ja Leib und Seele gehen noch weiter,
sie verfahren noch nach der alten Weise und stemmen
sich der neuen Einrichtung entgegen und wollen sich dieselbe nicht gefallen lassen. Das ist der Grund, warum
viele berufen, aber wenige auserwählt sind. Zur Einsicht in die Liebe sind die Menschen noch lange tüchtig,
aber die Kraft, sich mit Hilfe Gottes umzuschaffen von
innen aus, gehet schneller verloren, als sie sich denken.
Es kostet nicht viel fromm zu sein, nachdem die Um-
wandlung geschehen ist; es kostet viel, damit die Um-
wandlung gelinge. Alle Gedanken, alle Gefühle, alle
Willensentschlüsse müssen von der Liebe Gottes und der
Menschen aus neu gestaltet werden, und nicht blos dies,
auch der Leib muß lernen den neuen Gefühlen, Gedanken
und Willensregungen gemäß rasch und schnell zum Thun
zu sein, wie er früher gewöhnt war den Begierden und
Leidenschaften dienstbar zu sein. Und bei alle dem bleibet
die sinnliche Annehmlichkeit und die bloße Freude der

Erkenntniß noch lange im Geist als der Gedanke eines
möglichen Zieles des menschlichen Lebens und wird un-
terstützt von der ganzen sinnlichen Bedürftigkeit unseres
Daseins, welches in Lust erhöhet, in Ungemach gemindert scheint, und von dem Gefühl, daß das blos wissen-
schaftliche Denken uns unterscheide von den anderen
lebendigen Wesen und leichter und mehr zu erreichen sei
als das Leben der Liebe, in welches das sinnliche Leben
und die Erkenntniß zwar aufgenommen werden, aber
mit großer Abänderung der Ansprüche, welche sie von
Haus aus erheben. So ist das Leben des Frommen
ein steter Kampf, ein Kampf aber, in dem der Sieg
nicht zweifelhaft ist. Wer treu in der Liebe Gottes und
der Menschen ausharret, der überwindet. Aber es ist
ein Kampf, der nie ganz schweiget, der stets ausgekämpft
werden muß. Des Menschen Leben währet 70 Jahre,
und wenn es hoch kommt, so sind es 80 Jahre, und
wenn es köstlich gewesen ist, so ist es Mühe und Arbeit
gewesen, Mühe und Arbeit, um die Liebe Gottes und
der Menschen sich zu erhalten als das einzige Gut.
Das ist die Wiedergeburt des Menschen aus Gott,
welche sich täglich mehr und mehr vollbringet; so wird
der alte Mensch weggeschafft, der neue stets voller und
reicher ausgestattet. So muß der Mensch das in sich
ändern, was er früher verkehrt gemacht hat. An dieser
Arbeit hat der eine mehr zu thun als der andere, je
nachdem der Mensch früher oder später zu Gott kommt,
mehr oder weniger von der Liebe Gottes und der Menschen sich entfremdet hatte. Dies Arbeiten an sich selbst,
stetig und unaufhörlich, ist je nach der früheren Verkehrtheit mit mehr oder weniger Trauer verbunden, mit

dem Bewußtsein durch eigene Schuld das Gute so lange
verkannt und verschmäht zu haben. Aber diese Traurigkeit ist jetzt eine heilige Traurigkeit, welche nicht am
Leben zehret und es elend macht, sondern ein Trieb und
Sporn wird zur unermüdlichen Arbeit am Guten in der
Kraft Gottes. Der Mensch siehet ein, wie er ein ganz
anderer wäre, wenn er von frühe an die Wege Gottes
gewandelt wäre, er erkennt, daß er hinter dem, was er
hätte sein können, weit zurückbleibt, aber er weiß auch,
daß er jetzt bei Gott ist und daß er in der Kraft Gottes
wirket in sich und um sich. Demuth als Bewußtsein,
daß er nicht ist, was er hätte sein können, ist seines
Herzens Grundgefühl, aber zugleich ist Freudigkeit, jetzt
auf den Wegen Gottes zu wandeln, seines Herzens ju-
belnde Gewißheit. So ist der Bekehrte und zu Gott
Hindurchgedrungene in sich. Wie aber wird es mit
seinem früheren sündigen Thun nach außen stehen, wird
er es ungeschehen machen können? wird er die Unliebe,
in der er handelte, nachträglich so gestalten können, daß
sie wie Liebe wirkte? wie sollte er das vermögen? Er
kann suchen von seinem Unrecht, von seiner Lieblosigkeit,
soviel er weiß und noch nahe hat, einigermaßen gut zu
machen, aber auch das ist alles blos Stückwerk, und was
er durch sein ganzes Thun und Treiben geschadet hat
und worin er Anderen zum Unsegen geworden ist, wie
will er das ermessen und ungeschehen machen, da er die
tausend und abertausend Wirkungen, die sich in der
Ferne und auf Umwegen an sein Thun anschlossen, nicht
alle aufheben und in das Gegentheil zu verwandeln
vermag. Daß er seine früheren Unthaten abbüße und
abverdiene durch Werke der Frömmigkeit, welche mehr

thäten, als er schuldig ist zu thun, ist so ein frevelnder
Wahn. Alles, wozu die Liebe der Menschen in Kraft
der Liebe Gottes den Menschen treibet, das ist seine
Pflicht; wenn er das alles gethan hätte, er hätte nichts
mehr gethan, als was er zu thun schuldig ist. Kein
Frommer hat je anders gedacht, und wer meint, mehr
thun zu können in der Kraft Gottes, als wozu ihn die
Liebe treibet, der stehet noch nicht in der Liebe der
Menschen, noch in der Liebe Gottes. Ein Wiederein-
bringen des Versäumten ist nicht möglich. Darum eben
heget der Bekehrte über seine Vergangenheit herzliche
Reue, aber eine Reue, die Niemand gereuet, welche ein
Stachel wird, jetzt wenigstens nicht zu wenig zu thun,
sondern im Dienste des Himmelreichs all seine Kräfte
einzusetzen, so viele der Tage seines Lebens sind. Aber
wie wird es mit den vergangenen Uebelthaten? mit
denen stehet es nicht anders, als die gewöhnliche Lehre
auch meinet. Diese Thaten waren Uebel und führten
zum Uebel; ungeschehen können sie nicht gemacht werden.
Aber nicht alles, was übel ist, endet in Uebel; denen,
die Gott lieben, müssen alle Dinge zum Besten dienen.
Das ist keine Entschuldigung für den Frevler, Böses zu
thun; sein Böses bleibt böse gethan, auch wenn es seiner
Bosheit nicht gelingt, sondern sie zu Schanden wird.
Seine Uebelthat wird ihn einst gereuen und ihm wehe thun,
und wenn lauter Segen daraus geworden wäre, falls
er sich bekehret, oder sie wird ihn in den ewigen Tod
abführen, so daß er nicht zu Gott kommen kann, selbst
wenn er noch die Fähigkeit hat einzusehen, daß Liebe
und Gott der bessere Theil sind. So wird an den
Frommen das Böse, was ihnen gethan wird, zum

größeren Gottessegen für sie und ist Böses für den
Thäter vielmehr als für den Empfänger. Die aber,
welche Gott nicht lieben oder noch nicht lieben, denen
wird das Böse eine Warnung und Mahnung, zu erkennen, warum der Böse gegen sie frevelt, und zu
finden, daß ihm die Liebe der Menschen und Gottes
fehlet, und daß sie selber darum diese nicht blos an ihm
vermissen sollen, sondern in sich selbst ergreifen und
herstellen; so verwandeln sie selbst die Bosheit der Bösen
zum Segen für sich. Was aber den Menschen am
meisten Kummer machet, die verführerische Gewalt des
Bösen über andere Menschen, das ist gerade seine ge-
ringste Macht. Der Mensch, der sich vom Bösen verführen lässet, der hatte, ehe die Verführung kam, nur
nicht den Muth, das Böse von sich aus zu beginnen.
Es zu lieben, in seinem Herzen zu hegen, daran fehlte
es ihm nicht; den Muth vor Gott und vor der Liebe
der Menschen, den hatte er, er war nur feige und ängst-
lich vor den Menschen und darum ist ihm ein Beispiel
willkommen. Wer aber verführet wird unter dem täu-
schenden Schein des Guten, den das Böse annimmt, der
ist zu retten und wird nicht verloren gehen, wenn er
nicht Lust am Bösen gewinnt. Die Macht der Verführung von Mensch zu Mensch ist gering, groß aber
und ungeheuer die Leichtigkeit, mit der sich die Menschen
verführen lassen, ohne daß man sagen kann, der oder
der war der Verführer. Mit allem, was in der menschlichen Natur lieget, wird der Mensch bekannt, sei es,
daß es in ihm selbst stark auftaucht, oder daß er es sieht,
hört, liest aus der weitesten Ferne. Da ergreift ihn
die Verkehrtheit oder Schwachheit, zu der er gerade am

geneigteſten iſt, und wenn er nicht das Gute und Gott
ergriffen hat, ſo unterliegt er der Verſuchung, wenn er
auch bis dahin äußerlich und ſeiner eigenen Meinung
nach gut war und ſein wollte. Der Menſch iſt ein
Ding vieler Möglichkeiten. Daher ſehe ſich jeder vor
und prüfe ſich, ob er in der Liebe der Menſchen in
Kraft der Liebe Gottes ſtehet. Dann wird die Verſuchung zwar kommen, aber er iſt ein gewappneter
Mann, der da weiß zu widerſtehen, und iſt vorbereitet
auf Feinde. Kein Menſch wiege ſich in Sicherheit und
ſpreche bei ſich: mir kommt keine harte Verſuchung mehr,
ſondern er ſtärke ſich in Gott, damit er jeder Verſuchung,
welche ihn überkommt, ohne daß er es ahnt, gewachſen
ſei in tapferem, heldenmüthigem Widerſtande.

Fünfunddreißigſtes Kapitel.

Gott zeiget der Seele, welche Hinterniſſe ſich
der richtigen Gotteserkenntniß im Menſchen
entgegenſtellen, und lehret ſie, welche Wahrheit dem zum Grunde liegt, daß die Menſchen Gott ſich immer wieder dem Menſchen
nahe verwandt gedacht haben.

Und die Seele betete an und ſprach: Herr, meines
Geiſtes Auge wird Licht, ich ſehe deine große Liebe und
Wahrheit, nicht mehr verhüllt von dem, was die Jahr-
tauſende um ſie gelegt hatten, durch das ſie zwar immer
noch hindurchſtrahlte, Licht und Leben den Menſchen
gebend, aber gebrochen und gedämpft durch das Viele,
was nicht der richtige Ausdruck für dein Weſen war.

Herr, noch das Eine erkläre mir: warum haben die
Menschen es stets so sehr gemieden Angesicht zu Angesicht mit dir zu verkehren; nur wenige haben geredet
als von dir selbst belehrt. In diesen Wenigen erkannten viele deine Offenbarung auf Erden; sie ließen
sich durch sie als Propheten zu dir hinführen oder setzten
einen Mittler zwischen dir und der Menschheit. Nur
einzelne wollten zu dir selbst hinburchbringen; man bul-
bete sie wohl als fromme Männer, aber man liebte sie
nicht, man schalt sie als Leute, welche die von Gott ge-
schichtlich gegebenen Veranstaltungen des Heils gering
schätzten oder verschmähten.

Und der Herr antwortete der Seele und sprach:
Denke nach, o Seele, über die Beschaffenheiten des menschlichen Geistes und wundere dich nicht mehr; vieles ist
es, was jene Dinge so gestaltet hat, wie sie sind. Alle
Menschen können zu Gott kommen auf dem Wege, den
ich dir oft gesagt habe; aber nicht alle Menschen sind
geschickt das Nebensächliche, welches sich auf diesem Wege
mit einfindet, abzutrennen von dem, was Hauptsache und
allein wichtig ist. Und die Seele dachte nach und sprach
bei sich selber: Die Menschen, wie sie seit langem auf
der Erde sind, sehen und finden die Religion vor bei ihren
Eltern, und da die Liebe der Eltern zu den Kindern ein
herrliches Vorbild der Liebe ist, wie wir sie zu allen Menschen haben sollen, so erweckt ihr Beispiel den Sinn der
Liebe mächtig im Kinde und erreget so mit die Ahnung der
großen Liebe, welche Gott selbst ist. Dabei entstehet frühe
ein Mißverständniß, eine falsche Uebertragung. Nicht daß
sie die Kinder erzeugt haben, ist der wahre Beweis der
Liebe der Eltern zu uns, sondern in der Auferziehung,

der leiblichen und geistigen, und in der Anleitung zum
Guten, da offenbart sich die ächte Elternliebe. Wir
aber halten gerne die Erzeugung für den wahren und
ächten Grund der Liebe, nicht achtend, daß der Mensch
auch diesen natürlichen Trieb der Mutter- und Vaterliebe
in sich verdrängen kann und oft genug vertilgt, und daß,
was im Thier natürliche Beschaffenheit ist, im Menschen
nicht mehr bloß dies ist, sondern schon von seinem freien
Willen und seiner bewußten Einsicht in der Art, wie er
dem Triebe folgt, ganz und gar abhängt. So denken
wir uns fälschlich nach dem Beispiel der Eltern Gottes
Liebe zu uns darin am stärksten bethätigt, daß er uns
geschaffen habe; geschaffen habe, so spricht die Frömmigkeit, welche Gott als ein freies sich zu seinem Thun ent-
schließendes Wesen denkt; gezeugt habe, so sprachen die
älteren Menschen, indem sie alles noch näher an das
Beispiel der Eltern heranrückten, und darum auch zum
Theil auf ihre Götter die heilige Liebe zu einander nicht
nur, sondern auch die bloße Begierde, wie sie bei Menschen vorkommt, übertrugen; in der neueren Zeit hat
man Gott die Dinge aus sich selbst entwickeln lassen
vermöge einer Sehnsucht oder eines Verlangens, wirklich
zu werden, wie die Dinge dieser Welt wirklich sind, oder
hat ihn gedacht wie unsere Seele, wenn sie etwas in
sich hat, und strebt es auch außer sich zu gestalten;
und auch die Schöpfung mußte gedacht werden entweder als eine Willkürhandlung, welche Gott nun einmal gethan hat, also nicht verschieden von einem plötz-
lichen Triebe, oder als abhängig von der Weisheit und
Liebe Gottes, welche ihn zwang nicht mit äußerer Gewalt, sondern mit sanfter innerer Nöthigung zu schaffen.

Aber alle diese Vergleiche taugen nicht für Gott, und es
ist auch keiner besser und vorzüglicher als der andere;
sie sind alle nicht richtig. Denn Gott, weil er die Liebe
ist, als die wir ihn kennen, hat darum eben nicht diese
Welt geschaffen, und ist doch unser Gott, vergleichbar
den Eltern nicht dadurch, daß er Mitursache unseres Daseins ist, sondern darin, daß, wie die Eltern sich unserer
annehmen und uns mittheilen die geistigen Güter, welche
sie selbst haben, so er sich unserer annimmt mit unend-
licher Treue und uns mittheilt den Geist der Liebe, der
er selbst ist, und die Kraft zum Guten, durch welche wir
allein Genüge des Lebens erlangen. Wie schwer wird
es so auf der Schwelle schon, wo uns die Liebe und von
ihr aus die Ahnung Gottes entgegentritt, die Wahrheit
rein und völlig zu erfassen. Zwar ganz wird sie nie
verfehlt; denn es hat stets Geister gegeben, welche diese
Welt nicht von Gott ließen geschaffen sein, weil sie zu
viel Unvollkommenheiten habe, aber da sie Gott vielmehr
als sinnliche Güte, denn als sittliche Liebe dachten, so
suchten sie, was vollkommen und zweckmäßig war für das
Leben der Menschen mindestens ihm zuzuschreiben. Und
später, als man sich der Schwierigkeiten immer mehr bewußt
wurde, da half man sich theils so, wie es oft ist gesagt
worden, oder man schloß: wir sollen das Sittlichgute in
der Welt verwirklichen, also muß die Welt so eingerichtet
sein, daß sie des Sittlichguten empfänglich ist, folglich muß
sie von Gott sein; in dem Bewußtsein der Möglichkeit des
höchsten Gutes ist uns die Angemessenheit der Welt für
diese Aufgabe verbürgt und darin ihr Ursprung von Gott
gewährleistet. Aber auch dieser Schluß ist nichtig; nicht
sollen wir, nicht sind wir von irgend Jemand, von einer

Natur oder Gott dazu bestimmt, das Sittlichgute zu verwirklichen und darum müßte diese Ursache auch die äußeren
Verhältnisse so geregelt haben, daß wir jenes vermögen.
Das wäre unbeweisbare Behauptung; wir müssen ganz
anders sprechen, wir müssen sagen: wir finden uns in
der Welt, und finden, daß wir mehrere Ziele des Lebens
uns setzen können; eines von diesen wird befunden als
das, welches uns Genüge und Halt in unserem Dasein
giebt; das ist die Liebe zu unseren Brüdern, diese führt
uns zu Gott als der bewußten Kraft der Liebe, als dem
heiligen und heiligenden Geist, der uns stärkt und zu
neuem Leben in seiner Kraft umschafft. Da ist von
Schöpfung, von Berechnung der Dinge auf einander keine
Rede, und die Liebe, wie wir sie so thatsächlich in Gott
kennen, verbietet ihn zu denken als Schöpfer und der Begriff der Ursache führt nicht mehr zu ihm als zu tausend
anderen Vorstellungen. Von der bloßen Wissenschaft aus
kommen wir nie zu Gott; von der Sittlichkeit, der Liebe aus
kommen wir zu Gott, aber als unserem Heiliger, nicht als
unserem oder der Welt Schöpfer, und so daß die Schöpfung vom Begriff Gottes geradezu ausgeschlossen ist.

Also dachte die Seele, dem Winke folgend, den ihr
Gott gegeben hatte. Und Gott sprach weiter: Siehe die
Menschen an, wie sie nicht nur die nächsten Eindrücke
der Kindheit stets als nachwirkend in sich tragen und
behalten, sondern auch später noch die Art, wie sie mit
Entschiedenheit zur Religion kamen, für die einzige wahre
und wirkliche nahmen. Und die Seele gedachte, wie es
allüberall auf Erden sich wiederholet, daß die Menschen
die Kirche oder religiöse Volksgemeinschaft, von welcher sie
zu der Frömmigkeit, die sie haben, sind geführt worden, für

wesentlich und einzig wichtig zur Frömmigkeit hielten. Nicht blos Eitelkeit oder Bequemlichkeit führt sie dazu, Dankbarkeit und das Bewußtsein, durch diese Gemeinschaft ein hohes Gut erhalten zu haben, sind die Triebfedern zu dieser irrigen Meinung. So ist es auch wieder mit den Stiftern der großen Religionen und ihrer Verehrung. Die Propheten und Offenbarer Gottes sind sehr verschieden an Werth; man muß sie messen danach, wieviel die Liebe der Menschen in der Kraft der Liebe Gottes die Seele ihrer Lehre und ihres Lebens war. Wer von ihnen davon erfüllt war, mit dem war Gott, und um so mehr, je mehr er davon erfüllt war. Irrige Meinungen konnten sich damit verbinden über Gott und über Welt. Diese irrigen Meinungen blieben mit dem Wahren und wurden immer mehr Schwierigkeiten für das Denken und Anlässe zum Zweifel, aber sie sind für wenig zu achten gegenüber der ewigen Wahrheit der Menschen- und Gottesliebe, welche da nicht blos verkündigt, sondern auch erregt wurde und fortgepflanzt von Geschlecht zu Geschlecht. Denn ein wahres Wort aus einem reinen und frommen Herzen bewahrt seine Macht, Sittlichkeit und Frömmigkeit in den empfänglichen Gemüthern zu entzünden, für alle Zeiten. Wo daher ein solcher Prophet auftrat, da war er ein Segen für viele, welche durch ihn zu größerer Sittlichkeit und Frömmigkeit geführt wurden, und da sie fühlten, durch ihn zum Guten gekommen zu sein, so machten sie den Schluß, daß alle durch ihn zum Guten kommen müßten. Dieser Schluß ist irrig; durch die Liebe zu den Menschen kommt man zu Gott als dem, in dessen Kraft diese Liebe allein wirklich wird. Das, was in der Lehre der Propheten und Heiligen davon sprach, das war nothwendig, um zu Gott zu kommen, aber daß dieser oder dieser es gerade verkündigte, das war nicht nothwendig. Jeder Heilige und Fromme ist ein Offenbarer Gottes; nur muß er das natürliche Geschick haben und in sich ausbilden, das, was er erlebt von Gott, rein und klar, unvermischt mit nebensächlichen Gedanken, wie sie den Menschen leicht kommen, auszusprechen und für alle Zeiten hinzustellen. Die folgenden Zeiten kommen dann mit auf seinen Anstoß, aber nicht eigentlich durch ihn zu Gott. Sie würden ohne ihn vielleicht schwerer, langsamer, mit mehr Irrthümern zu Gott gekommen sein, aber Gott ist allen Menschen nahe, und die Regungen der Liebe sind in allen. Die Propheten und Offenbarer Gottes sind ein Segen für die Menschheit, aber Gottes offenbarende Liebe ist nicht an sie gebunden. Diese gehet unmittelbar vom Herzen Gottes zum Herzen des Menschen, der Prophet erleichtert den Menschen blos das Verständniß und die Aufnahme der göttlichen Offenbarung.

Und als die Seele alles dieses überdacht hatte, so erhub sie nochmals ihre Stimme und sprach: Herr, lehre mich noch das Eine und habe Geduld mit mir. Warum haben die Menschen dich stets sich gleich zu machen versucht, warum haben sie dich in Menschengestalt gedacht, oder wenn sie dich im Geist und im Himmel vorstellten, warum haben sie dir einen Sohn gegeben, der deines Wesens ist, aber zugleich in Menschengestalt auf der Erde wandelte, und diese Menschengestalt dann ewig behält im Himmel bei dir? Warum haben sie selbst diesem deinem Sohn noch viele Heilige an die Seite gestellt, zu denen sie beten und denen sie sich oft näher zu fühlen scheinen als dir selber, der du doch jedem der nächste bist nach ihrem

eigenen Bekenntniß? und in anderen Glaubensweisen
haben sie Heilige und Büßer zu ihrer Verehrung sich
neben dir und mit dir genommen, zu denen sie wallfahren;
also daß es oft den Anschein hat, als wäre das frühere
Heidenthum unausrottbar aus den menschlichen Herzen
und als behaupte es seine Stätte fest neben dir? Und
Gott der Herr antwortete der Seele und sprach: Seele,
das wirst du schwer fassen, wenn ich es dir nicht sage;
darum merke auf mein Wort und überdenke es fleißig.
Den Menschen ist nie das Gefühl ganz abhanden gekommen,
daß ich, Gott, der Herr, und sie, die Menschen nach Leib
und Seele, gleichsam Eines Stammes und Wesens sind: sie
sind von Ewigkeit ihren Keimen und Elementen nach,
und ich bin von Ewigkeit, was ich bin; die menschliche
Seele hat Bewußtsein und kann Liebe werden, ich bin
die bewußte Kraft heiliger Liebe; so sind der Mensch und
sein Gott verwandter Art von Anfang an, aber Gott ist
dabei die vollkommene Liebe, der Mensch wird vollkommene Liebe erst dadurch, daß er sich mir ergiebt und von
mir lernt und nimmt. Dieses Bewußtsein ist den Menschen
nie ganz entschwunden, sie haben es nur vermengt mit
manchen irrigen und verkehrten Meinungen; wenn aber das
Verkehrte nicht gewesen wäre im Sittlichen, das Irrige der
Vorstellung müßte zwar schwinden, aber es würde nicht viel
schaden. Stellen sich nicht auch unter euch die meisten
Gott vor als sitzend auf einem goldenen Thron im Himmel und die Engel als seine Diener ihn glanzvoll um-
gebend. Nicht das war das Schlimme am Heidenthum,
daß sie sich Gott in edler oder auch in abenteuerlicher
menschlicher und gar thierischer Gestalt vorstellten. So
ist Gott nicht; er wird erkannt nicht durch die Sinne,

sondern von der innersten Liebeskraft unserer Seele aus;
er ist ein Geist. Wenn sie aber auch Gott als einen
menschlichen oder einen Thierleib dachten, so waren sie
darin im Irrthum, aber ihre Religion konnte noch die
Wahrheit haben, auf die es zu oberst ankommt, wenn
sie nur den so vorgestellten Gott als die Kraft der Liebe
dachten, durch welche sie selbst tüchtig in der Liebe und
selig würden. Nicht was ihr für das Falsche und Ab-
göttische haltet, ist es in diesen Religionen, sondern wenn
ihnen die Liebe zu den Menschen in Kraft der Liebe Gottes
fehlte, das machte sie zum Götzendienst, zum Aberglauben,
zum Menschendienst, statt zum Gottesdienst. Und wenn
viele Völker ihre Götter in Ehe leben ließen und Kinder
haben und wenn sie eine Göttin der Liebe verehrten,
so war diese Vorstellung irrig, aber darum war ihr Sinn
noch nicht falsch und ungöttlich; wenn sie dies thaten,
weil ihnen die Ehe ein großer Segen für die Menschheit,
die Liebe eine heilige und erhebende Sache war, und weil
sie fühlten, daß eine wahre Ehe nicht ohne die Kraft aus
der Höhe geführt wird, so hatten sie einen wahren Gedanken, nur drückten sie ihn aus in falscher Form. Dieser Sinn
war in manchen Herzen lebendig; Gott aber siehet das Herz
an. Aber auch wo man erkannte, daß Gott ein Geist sei,
da sind schwere Verirrungen nicht fern geblieben. Wähnten nicht viele, weil Gott Geist ist, darum müßten sie auch
schon hienieden Geist sein, und dachten nicht, daß Gott ein
Geist der Liebe ist und daß der Mensch auf Erden göttlich wird, wenn er den Geist der Liebe in sich hat und
durch seinen Leib Werke der Liebe wirkt. Und weil sie
dies nicht bedachten, so verachteten sie ihren Leib, quälten
und plagten ihn, ertödteten ihn und meinten dadurch

Gott gleich zu werden. Aber Gott wird man nicht dadurch ähnlich, daß man den Leib erwürget, sondern dadurch, daß er in allen seinen Theilen und Verrichtungen ein Tempel wird des heiligen Geistes, des Geistes der Menschenliebe in der Kraft Gottes. Wieder andere machten verkehrte Folgerungen aus ihrer Freiheit; sie dachten, weil sie frei seien und durch Uebung erst würden, was Gott von Ewigkeit ist, darum seien sie mehr als Gott und erhoben sich in ihrem Wahne durch Entbehrungen und Büßungen zur Macht und Gewalt über die Götter, also daß der Himmel ihrem Willen sollte unterthan und sie über ihn herrschend sein. Aber beim Menschen ist die Freiheit, so wie er einmal ist, ein Gut, an und für sich aber ist sie nicht das höchste Gut. Des Menschen Freiheit ist, daß er zu Gott kommen kann und durch Gott werden und in ihm sein kann heiliger gottähnlicher Geist der Liebe, aber da ist der Mensch nie etwas ohne Gott, wohl aber Gott etwas ohne den Menschen; der Mensch lebet da durch Gott, nicht Gott durch den Menschen, so daß die Ueberhebung der Freiheit ein leerer Wahn ist. Wieder anders wandte sich dies Gefühl der Aehnlichkeit Gottes mit euch in anderen Religionen; da, wo Gott als Geist erkannt, als Liebe verkündet, zugleich aber als Schöpfer weit über alles Geschaffene in unendlichem Abstand hinausgerückt wurde, da ward man entweder wieder zweifelhaft an der Schöpfung, an der vollen und ganzen Schöpfung und ließ so wieder eine Annäherung zwischen Gott und Mensch eintreten oder das Volk flüchtete sich von Gott zur Verehrung der Propheten und seiner Nachkommen und der Heiligen und frommen Männer seines Glaubens. Und wieder bei andern dachte man

ben Stifter mit Recht als eine große und vollkommene
Offenbarung Gottes; denn er hat die Menschenliebe in
Kraft der Liebe Gottes als das einzige Gut des Menschen
hingestellt wie kein anderer, aber man wußte sich nicht
zu deuten, wie es mit einer Offenbarung Gottes im
Menschen sei. Der, in welchem Gott sich offenbart hatte,
sollte kein Mensch sein, kein, wie man da dachte, ge=
schaffenes Wesen; denn wie könne das die Unendlichkeit
der Allmacht und Allwissenheit fassen, die man Gott als
Schöpfer beilegte; und so machte man ihn zu einem gott=
gleichen und ewigen Wesen, aber abhängig in seinem
Ursprung von dem ersten Gott; und dieser Gott sollte
zur Erde gekommen sein, damit er die Schwachheit und
das ganze Elend der Menschen an sich erfahre und als
Mensch menschlich mit Menschen fühle. All diese Lehren
flossen aus der irrigen Meinung von der Schöpfung her
und von der falschen Fassung der Gerechtigkeit Gottes,
und bei allen liegt das Bewußtsein mit zum Grunde,
daß sie einen Gott haben, der nicht blos über ihnen
stehet, sondern der ihnen zugleich nahe steht, und dem sie
sich verwandt fühlen dürfen. Aber selbst da hat es damit
sein Bewenden nicht gehabt, sondern sobald im mensch=
gewordenen Gott mehr der Gott hervorgehoben wurde
als der Mensch, da schuf man sich sofort die unendliche
Schaar der Heiligen und Seligen, an die man sich wandte
in Gebet und Andacht, und als der Irrthum dieser Lehre
erkannt und der menschgewordene Gott allein das große
Panier des Glaubens wurde, da ward er als das
Unterpfand der Seligkeit immer mehr menschenähnlich
gedacht und zuletzt glaubte es die Wissenschaft am besten
zu machen, wenn die Menschen und alles Endliche der

menschgewordene und in die Endlichkeit eingegangene Sohn
Gottes selber seien und Gott selbst sich nothwendig und
von Ewigkeit her in der Welt offenbare. Da triumphirte
das Gefühl der Verwandschaft des Menschen mit Gott
über die Schöpfung und führte zur Entwicklung des
Menschen aus Gott als dem Urgrunde der Welt. Aber
alles das ist falsch gedacht von Gott. Die Frommen
und Gott sind in Ewigkeit unterschieden von einander,
und Gott wird nicht erkannt als Schöpfer, nicht als
Welturſache, ſondern als der große Beseliger des menſch-
lichen Herzens in Leben und Sterben.

Sechsunddreißigstes Kapitel.

Was die Seele, den Winken Gottes folgend, dachte über die chriſtliche Religion, über die Weiſſagungen und Wunder Chriſti und andere Hauptpunkte der Lehre von ihm.

Und die Seele ſprach: Herr, mein Gott, iſt es nicht
ſo, daß die chriſtliche Religion, in der ich aufgewachſen
bin und erzogen, alles zum Heil Dienliche mit in ſich
enthält? Wie aber ſoll ich dasjenige in ihr unterſcheiden
was deine ganze und reine Wahrheit ausdrückt. Und
Gott antwortete der Seele und ſprach: Das iſt nicht
ſchwer; es iſt nicht Weniges, was du aus den Evangelien
behalten kannſt wörtlich oder mit kleiner Abänderung.
Was aber die Wunder und Weiſſagungen angeht, ſo
kannſt du dir dieſe Frage, nach allem, was ich zu dir
geredet habe, ſelbſt beantworten. Da beſann ſich die

Seele und ihre Gedanken waren diese: Christus hat nach
der Erzählung der Evangelien Wunder gethan und geweissagt. Seine Hauptweissagung war, daß er noch bei
Lebzeiten von solchen, die ihn gekannt hatten, zum Weltgericht in sichtbarer Herrlichkeit werde wiederkehren. Denn
also stehet es in den Evangelien, und in den Briefen
seiner Schüler und Verkündiger ist dies aller Ueberzeugung und feste Zuversicht. Diese Weissagung ist nicht
eingetroffen. Sie war ein Irrthum, zu welchem Christus
kam, weil er das göttliche Leben, zu dem er hindurchgedrungen war, wie jede Seele zu demselben hindurchbringen
kann in Gottes Kraft, zwar auffaßte mit dem weiten
Blick auf die ganze Welt, welche auch daran Theil nehmen
solle, aber auch zugleich mit dem engeren auf das Volk,
unter dem er aufgewachsen und erzogen worden war.
Was im Alten Testament stand und wie man es damals
auslegte und wie er selbst glaubte es noch besser zu
verstehen, das erfüllte seine Gedanken und verschmolz mit
dem göttlichen Leben seiner Seele, und so erwuchs die
Lehre, die ihn beseelte. Sein göttliches Leben, seine
Liebe zu den Menschen in Kraft der Liebe Gottes, das
ist wahr und ächt und ein ewiges Vorbild, und es ist
in allen Zeiten gewiß, daß, wer ihn kennt und nicht
liebt und sich von seinem göttlichen Lebenskern nicht ange-
zogen fühlt, auch an Gott keinen Theil hat. Aber ein
Anderes sind die aus seinem Herzen und dessen Verkehr
mit Gott erwachsenen Gedanken und Gesinnungen, ein
Anderes die aus dem jüdischen Volksglauben herstam-
menden und mit diesem zusammenhängenden Vorstellungen.
Diese sind nicht alle gültig; sie sind besser als die der
Heiden, der Inder und Perser und anderer Völker, aber sie

haben nicht mehr Gültigkeit als diese auch. Die Wahrheit der Sache ist ganz anders als jene Vorstellungen:
Gott wird nicht durch Opfer versöhnt weder im Blute
der Thiere noch im Blute eines Menschen. Gott trauert
über den, der sich von ihm abkehret, aber er zürnet nicht,
er umgiebt auch den Sünder mit dem Wehen seines
Geistes, ob er ihn erwecke aus seinem Sündenschlaf und
zu sich ziehe. Der Mensch kann in Sünde untergehen,
daß er nicht mehr Kraft hat die Gnade zu ergreifen,
daß er nur noch das Bewußtsein hat, er hätte sie ergreifen können, wenn er gewollt, mit Ernst und Ueberwindung der Sünde gewollt hätte. Wo aber der Funke
der Freiheit noch nicht erloschen ist, und der Mensch sich
mit Ernst und Anstrengung an Gottes Gnade wendet,
da erhebt ihn Gott und er wird im Umgang und Verkehr
mit Gottes Kraft neu geboren und wie umgeschaffen.
Das ist die Erlösung des Menschen von der Sünde,
Gott ist der große Erlöser, der einzige Begnadiger und
Seligmacher der Herzen. Ein Mensch kann den anderen
erwecken, aufrufen zu Gott und abmahnen von der Sünde
durch Wort und Beispiel; so ist Christus ein Held, der
uns zur Liebe Gottes und der Menschen ruft, so sind
alle frommen Menschen Helden, deren Beispiel uns eine
Predigt und Hinführung zu Gott ist. Aber einen anderen
Erlöser als Gott giebt es nicht, die Erlösung wird allein
zwischen Gott und dem menschlichen Herzen abgemacht,
da ist kein Mittler zwischen dir und ihm. Gott brauchte
nicht unsere menschliche Natur anzunehmen, damit er
unsere Schwachheit und Bedürftigkeit kenne; er weiß, wie
wir sind, besser als wir selbst; denn er durchschauet
unser Herz. Er ist Liebe und will uns helfen, ohne daß

und ehe noch wir bitten, aber kann uns nicht helfen,
wenn wir uns nicht wenden an seine Güte. Er ist kein
Gott, der zwinget und sich aufdränget, er ladet uns ein
uns niederzulassen an seinen Himmelstischen und lässet
den, der ihn festhält, nimmermehr aus seiner milden
Hand los. Es giebt keinen Gottmenschen, aber es giebt
göttliche d. h. gottliebende Menschen, Menschen, welche
ihre Mitmenschen lieben in der Kraft Gottes. Es giebt
keinen Weltrichter außer Gott selber, oder vielmehr die
Menschen richten sich selbst; wer die Gnade Gottes ergreifet und in ihr bleibet, der hat über sich gerichtet, der
geht ein in das Himmelreich und ist schon hienieden im
Himmelreich. Wer in Selbstsucht und Eitelkeit sich ver-
strickt hat, der lebet auf Erden nach dem Fleische, aber
nach dieser Erde, da ist nichts, was ihn erreget zu neuem
Leben, da ist er todt an ihm selber. Das ist das Weltgericht Gottes, welches sich alle Tage vollziehet, sichtbar
und merkbar für die, welche ·hören und sehen wollen.
Dazu bedarf es keines Weltgerichts am Ende der Tage,
keines Richters auf den Wolken des Himmels; solche
Dichtung ist schön, aber nicht mehr wahr als die Sagen
anderer Völker über die Todtenwelt und ihre Richter.
Es giebt auch keine Auferstehung der Todten. Zwar
bleiben die Seelen nach dem Tode, aber die einen sind
todt, die anderen lebendig. Lebendig sind die Frommen,
denn sie sind der Einwirkung Gottes empfänglich, und
er erreget sie nach dem Tode, wie er sie bereits im Leibe
erregt hat, und sie leben in seiner Liebe, in bewußter
Zugehörigkeit zu ihm ewiglich, aber alles irdische Thun
höret auf, sie haben blos das eine Gefühl unaussprech-
licher Liebe zu Gott; das ist ihre Seligkeit. Und diese

Ewigkeit ist ihnen wie ein einziger befriedigter Augenblick, der nie vergeht. Sie sind in Gott und doch für
sich, denn Gottesgeist und Menschengeist sind zweierlei
und werden nie Ein Geist anders, denn wie die Liebe
aus zweien eins macht. Also leben die Frommen in
ewiger Seligkeit, nicht anders als sie im Leibe bereits
angefangen haben. Sie schauen nicht Gott, denn er ist
nicht sichtbar; sie wohnen nicht im göttlichen Lichte, denn
Gott ist kein Licht; ihre Seligkeit ist kein Schmecken
himmlischer Süssigkeit, denn auch dergleichen ist blos
ein ungefähres Bild; sondern sie haben den Gedanken
Gottes als des großen Geistes der Liebe, der sie erlöst
hat und jetzt zum Bewußtsein außer dem Leib und ohne
Leib sie erreget. Das denken sie und sind fröhlich in
seiner Liebe, und Gottes gewiß durch alles dieses, wie
sie auf Erden seiner gewiß sind durch die Gnade und
Kraft heiligen Lebens, das sie in ihm gefunden haben.
Die aber, welche Gottes nicht empfänglich geworden sind,
die haben, wenn ihre Seele vom Leibe geschieden ist,
nichts mehr, wodurch sie zum Bewußtsein erregt werden;
sie sind todt für immer. —

Und über die Wunder dachte die Seele, den Winken
Gottes folgend, also: Gott thut keine Wunder, auch in
der Seele nicht; er wirket nach beständigen Regeln seiner
Gnade auf die menschliche Seele; wer ernstlich an ihm
hält, den hält er fest; wer sich blos in der Phantasie
an ihn wendet, in dessen Herz kann er nicht einziehen;
wer sich von ihm abwendet, den zwingt er nicht, ob er
gleich bei ihm bleibet, um ihm nahe zu sein, falls er
sich bekehren und leben will. Auf die Natur wirket Gott
gar nicht; sie ist ohne sein Zuthun da, von Ewigkeit

vorhanden, wie er selbst von Ewigkeit vorhanden ist.
All sein Wirken auf die Natur geschieht durch den Menschen.
Wenn Menschen von der Liebe zu den Menschen und Gott
entzündet die Natur erkennen und bearbeiten, um sie dem
Wohl der Menschheit mehr und mehr dienstbar zu machen,
so sind sie die Vollbringer großer Werke in der Kraft
Gottes. Wer aus Liebe zu seinen Mitmenschen das
Unscheinbarste erfindet, was ihre Gesundheit stärkt, ihrem
Mangel abhilft, der sei gepriesen. Was wären alle
Wunderthaten, welche von den Heiligen erzählt werden,
vorübergehend und bloß Einzelnen zu Nutz geschehen,
wie sie sind, gegen die dauernden Verbesserungen menschlicher Lage, welche die Liebe aus den beständigen Mitteln
der Natur zu erfinden und zu stiften treibt. Hier ist
die Aufgabe eurer Wirksamkeit, wenn ihr Großes, wenn
ihr Ausserordentliches leisten wollt, ihr frommen Seelen,
deren sonstige Gaben sie der Natur und ihrer Erkenntniß
zuweisen. Denn die Gaben der Menschen sind verschieden
und ein jeder soll die üben, die er am besten eingerichtet
ist zu üben. Aber, so fragte sich die Seele, können nicht
etwa Wunder geschehen durch die Kraft der heiligen und
starken Liebe, gehorchet vielleicht die Natur dieser und
zwar völlig gesetzmäßig, also daß jeder, der den und den
Grad der Liebe hat, zu den und den Wundern geschickt
ist, der eine dazu, Kranke wunderbar zu heilen, d. h.
abweichend von den gewöhnlichen Gesetzen der Heilung,
der andere dazu, Brod wunderbar zu vermehren, der
andere dazu, Todte auf einige Zeit wieder ins Leben zu-
rückzurufen; und wer die höchste Kraft der Liebe hätte, der
könnte lauter Wunder thun. Wie es damit stehet, kann
man aus Christi Worten selber lernen. Er hat geweissagt,

wer Glauben habe wie ein Senskorn, der werde Berge
versetzen, das Unglaublichste thun, und seine Jünger
würden noch Größeres thun, als er gethan habe. Sind
nun nicht die heutigen Christen seine Jünger, müßten
nicht von den vielen an ihn aufrichtig Gläubigen beständig Wunder geschehen? warum erfüllt sich diese Weissagung nicht? warum zeigt sich, wo Aehnliches vorge-
kommen, die Sache stets nicht haltbar und wanket? Darum, weil der fromme Sinn keine solche Gewalt über
die Natur giebt, weil es keine andere Gewalt über die
Natur giebt als die, welche sich ihrer Gesetze bedient,
um über sie zu herrschen, und unseres Leibes als des
Vermittlers zwischen unserem Geist und der Natur, und
wo das mit Ernst und mit Arbeitsamkeit gethan wird,
da wird mehr Heilsames vollbracht für die Menschen,
als durch vereinzelte Wunder je geschehen könnte. Also
hat Christus keine Wunder gethan? nein, er kann keine
gethan haben, sonst müßten nach seinen eigenen Worten
seine Jünger noch alle Tage welche thun und die Welt
voller Wunder sein. Er hat geglaubt, daß es Wunder
gäbe, wie alle Juden es glaubten, wie das alte Testament
es lehrte, wie die Phantasie es noch täglich glaubt. Denn
der Gedanke der Herrschaft des Menschen über die Natur
ist allen Völkern eingeboren, bei den meisten wird er zum
Glauben an Zauberei, bei den Juden und Christen wurde
er zum Glauben an Wunder, aber seine Wahrheit ist, daß
der Mensch die Natur durch die Natur beherrscht und nicht
anders. Wie die Wundererzählungen von Christo mögen
entstanden sein, das sollen die Weisen ermitteln. Christus
hat geglaubt Wunder thun zu müssen; darum sah er
in vielem, was ihm widerfuhr, ein Wunder. Als er

Lazarus rief und dieser aus dem Grabe kam, sah er ein
Wunder darin; andere würden denken, daß Lazarus
scheintodt war und im Augenblick, wo ihm Christus rief,
wieder zum Leben erwachte; der Leichenmoder, der von
seinem Grabe hergekommen sein soll, kann er nicht eine
bloße Folgerung sein oder von den Gräbern in der Nähe
hergerührt haben? So sieht man an einem Beispiel, wie
Christus selbst glauben mochte Wunder gethan zu haben.
Nicht die Apostel, die erste Gemeinde braucht die Wunder
erfunden und erdichtet zu haben: wer da glaubt Wunder
thun zu können, der thut sie leicht. Sehet die heutigen
Menschen an; sprechen sie nicht von den wunderbaren
Führungen der Vorsehung in ihren Lebensschicksalen,
glauben sie nicht da in vielen Dingen den Finger Gottes
zu spüren deutlich und sichtlich, und doch gehen ihre äußeren
Schicksale ihren Gang, ohne daß Gottes Hand direct
dabei im Spiele wäre. Aber sie haben Recht in der
Sache: denen, die Gott lieben, müssen alle Dinge zum
Besten dienen; das ist das Wahre an ihrem Vorsehungs-
glauben. Es gehe dem Menschen gut oder schlecht, er
komme in die, er komme in jene Lage: wer Gott liebt,
ziehet aus allen ein Gut. Immer hat er Gegenstände,
seine Liebe zu üben; ist er reich, so ist er thätig mit
seinen Mitteln im Dienste seiner Brüder; ist er arm,
so bleibet er treu der Liebe Gottes und wirkt nach Kräften;
ist er gesund, so braucht er seine Kräfte im Nützlichen;
ist er krank, so ist er geduldig und sinnet auf seine Ge-
nesung, um dem vollen Leben der Liebe wiedergegeben zu
sein; hat er Weib und Kind, so schafft er für ihr leibliches und geistiges Wohl und für das Heil ihrer Seele;
sind ihm Weib und Kind versagt, so sucht er Verwandte

ober Bekannte ober wo fich ihm eine Anknüpfung bietet, benen er feinen Dienft und feine Sorge widmet; in Summa, lebt er, fo lebt er ber Liebe ber Menfchen und Gottes, ftirbt er, fo ftirbt er Gott; barum ob er lebt ober ftirbt, immer ift er bem Gott ber Liebe.

Fehler,

die man vor dem Lesen zu ändern bittet:

S.   14 Z. 11 v. u. l. Und es statt Des.

S.   14 Z. 9 v. u. l. Je statt Ja.

S.   15 Z. 16 v. o. l. nimmer statt Niemand.

S.   24 Z. 10 v. o. l. diejenige statt diejenigen.

S.   41 Z. 17 v. o. l. sittliches statt stittliches.

S. 147 Z. 1 v. u. l. glaubte statt glaubt.

S. 154 Z. 13 v. o. l. Menschen- statt Menschen.

S. 174 Z. 3 v. o. l. eueres statt unseres.

S. 174 Z. 6 v. o. l. euch statt uns.